국가공무원 9급 공개경쟁채용 필기시험

| 일반행정 |

응시번호

성명

문제 책형

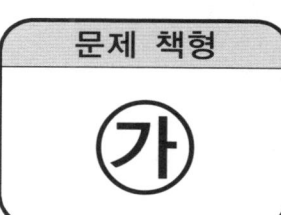

가

한 국 사
2025 공무원 시험 대비 모의고사

응시자
주의사항

1. **시험시작 전 시험문제를 열람하는 행위나 시험종료 후 답안을 작성하는 행위를 한 사람은** 「공무원임용시험령」 제51조에 의거 **부정행위자로 처리됩니다.**
2. **답안지 책형 표기는 시험시작 전 감독관의 지시에 따라 문제책 앞면에 인쇄된 문제책형을 확인한 후, 답안지 책형란에 해당 책형(1개)을** '●'로 표기하여야 합니다.
3. 시험이 시작되면 문제를 주의 깊게 읽은 후, **문항의 취지에 가장 적합한 하나의 정답만을 고르며,** 문제내용에 관한 질문은 할 수 없습니다.
4. 답안지의 모든 기재 및 표기 사항은 **컴퓨터용 흑색 사인펜**을 사용하며, 반드시 〈보기〉의 **올바른 표기 방식**으로 답안을 작성해야 합니다.

   〈보기〉 올바른 표기: ●   잘못된 표기: ⊘ ⊗ ◐ ● ◍ ⦵ ○ ⊙ ●

5. **답안을 잘못 표기하였을 경우에는 답안지를 교체하여 작성하거나 수정할 수 있으며,** 표기한 답안을 수정할 때는 **응시자 본인이 가져온 수정테이프만을 사용하여** 해당 부분을 완전히 지우고 부착된 수정테이프가 떨어지지 않도록 손으로 눌러주어야 합니다. (수정액 또는 수정스티커 등은 사용 불가)
   - 불량한 수정테이프의 사용과 불완전한 수정처리로 발생하는 모든 문제는 응시자 본인에게 책임이 있습니다.
6. 법령, 고시, 판례 등에 관한 문제는 시험 당일 현재 유효한 법령, 고시, 판례 등을 기준으로 정답을 구해야 합니다. 다만, **개별 과목 또는 문항에서 별도의 기준을 적용하도록 명시한 경우에는 그 기준을 적용하여 정답을 구해야 합니다.**
7. **시험시간 관리의 책임은 응시자 본인에게 있습니다.**

※ 문제책은 시험종료 후 가지고 갈 수 있습니다.

정답공개 및
가산점 등록 안내

1. 정답공개: 정답가안 - 시험 당일(토) 14:00, 최종정답 - 2주 후 18:00 / 사이버국가고시센터
2. 이의제기: 시험 당일(토) 18:00 ~ 다음 첫 화요일 18:00 / 사이버국가고시센터
   - 구체적인 이의제기 방법은 정답가안 공개 시 공지 예정
3. 가산점 등록기간: 시험 당일(토) 13:00 ~ 다음 첫 월요일 21:00
4. 가산점 등록방법: 사이버국가고시센터 → [원서접수 → 가산점 등록/확인]

전한길 한국사

제1회

문 1. 다음 폐단에 대응하여 시행한 제도에 대한 설명으로 옳은 것을 <보기>에서 모두 고르면?

> 본토에서 생산되는 물건이라도 모리배가 먼저 자진 납부하여 본 고을에서 손을 쓸 수 없게 만듭니다. 행여 본색을 가지고 와서 납부하는 자가 있으면 사주인들이 백방으로 조종하여 그 물건이 좋은 것이라고 하더라도 퇴짜를 놓게 하고 결국은 자기 물건을 납부하도록 도모하였으며, 값을 마구 올려 10배의 이익을 취하니 생민의 고혈이 고갈되었습니다.

< 보 기 >
ㄱ. 부과 기준이 가호에서 토지로 바뀌었다.
ㄴ. 토지 1결당 조세를 4~6두로 고정하여 징수하였다.
ㄷ. 공인에게 미리 공가를 지급하고 물품을 조달받았다.
ㄹ. 선무군관포를 징수하여 재정의 부족분을 채우고자 하였다.

① ㄱ, ㄴ ② ㄱ, ㄷ
③ ㄴ, ㄷ ④ ㄷ, ㄹ

문 2. (가)를 바탕으로 추진된 개혁의 내용으로 옳은 것은?

> 소자가 어린 나이에 우리 조종(朝宗)의 큰 왕업(王業)을 이어 지켜온 지 지금 31년이 되었는데, …… 이제부터는 다른 나라를 의지하지 않으며 국운(國運)을 융성하게 하고 자주독립의 터전을 공고하게 할 것입니다. 그 방도를 생각건대, 혹시라도 낡은 틀에 얽매이지 말고 안일한 생활에 빠지지 않아 우리 조종의 큰 책략을 따르고 세상 형편을 살핌으로써 내정(內政)을 개혁하여 오랜 폐단을 바로잡는 것입니다. 나는 이에 (가) 을/를 하늘에 계신 우리 조종의 신령 앞에 서고(誓告)하옵니다.

① 지방관에 독립된 재판소를 설치하였다.
② 공·사노비 제도와 연좌제를 혁파하였다.
③ 우체사를 설치하여 우편 사무를 재개하였다.
④ 양전 사업을 시행하고 소유권 증서인 지계를 발급하였다.

문 3. (가), (나) 국가에 대한 설명으로 옳은 것은?

> (가) 여름에 사람이 죽으면 얼음을 넣어 장사 지낸다. 사람을 죽여 순장을 하는데 많을 때는 백 명을 헤아린다.
> (나) 5월에 파종하고 난 후 귀신에게 제사를 올린다. 이때 많은 사람들이 모여 노래하고 춤추며 술을 마시고 밤낮 쉬지 않고 놀았다. …… 10월에 농사일이 끝나면 다시 그와 같이 제사 지내고 즐긴다.

① (가) - 10월에 동맹이라는 제천 행사를 치렀다.
② (가) - 고구려에 복속되어 소금과 어물을 공납하였다.
③ (나) - 다른 부족의 생활권을 침범하면 소나 말로 배상하였다.
④ (나) - 정치적 군장과 별도로 제천 행사를 담당하는 천군이 있었다.

문 4. 조선 시대 문화에 대한 설명으로 옳은 것을 모두 고르면?

ㄱ. 신숙주는 일본에 다녀온 후 『해동제국기』를 저술하였다.
ㄴ. 조선방역지도는 세조 때 양성지가 제작한 최초의 실측 지도이다.
ㄷ. 『세종실록지리지』에는 울릉도와 독도가 강원도 울진현에 속해 있는 섬으로 기록되어 있다.
ㄹ. 『동국여지승람』은 지리와 생리, 인심, 산수 등을 기준으로 사람이 살기 좋은 곳(가거지)을 제시한 지리서이다.

① ㄱ, ㄷ ② ㄱ, ㄹ
③ ㄴ, ㄷ ④ ㄴ, ㄹ

문 5. (가), (나) 왕에 대한 설명으로 옳은 것은?

> (가) 이인좌의 난을 진압하고, 공론의 주재자로서 인식되던 산림의 존재를 인정하지 않았으며, 그들의 본거지인 서원을 대폭 정리하였다.
> (나) 스스로 초월적 군주로 군림하면서 스승의 입장에서 신하들을 양성하고 재교육하려 하였다. 특히 신진 인물이나 중·하급 관리 가운데 능력 있는 자들을 재교육시키는 초계문신제를 시행하였다.

① (가) - 왕권을 뒷받침하기 위해 장용영을 설치하였다.
② (가) - 『속대전』을 편찬하여 법전 체계를 정비하였다.
③ (나) - 기유약조를 맺어 일본과 국교를 재개하였다.
④ (나) - 청과의 국경 분쟁이 일어나자 백두산 정계비를 세웠다.

문 6. 다음 사건에 대한 설명으로 옳은 것은?

> 난병들은 흥인군 이최응의 집을 포위하였다. 이최응은 담을 기어 넘다가 땅에 떨어져 사망하였다. …… 난병들은 고함을 지르며 명성황후가 어디에 있느냐고 외쳤다. 그들의 말은 매우 불손하고 흉측하여 차마 들을 수가 없었다. 그들이 사방을 다니며 수색하니, 첩첩으로 설치된 장막과 벽 사이는 창이 삼엄하게 뻗쳐 있었다. …… 무관 홍계훈이 고함을 지르며 "이 사람은 내 여동생 상궁이니 오인하지 마라." 하고 황급히 그를 업고 도망치자 많은 난병은 의심을 하였으나 말 한마디 하지 못했다.

① 일본군이 조선에 주둔하는 계기가 되었다.
② 사건 진압을 위해 청·일 양군이 입국하였다.
③ 국왕이 러시아 공사관으로 피신하는 결과를 낳았다.
④ 개화 세력이 도태되어 개화의 흐름이 한동안 단절되었다.

문 7. 밑줄 친 '이 사건'에 대한 설명으로 옳은 것은?

> 이 사건은 학생과 시민이 중심이 되어 아시아에서 최초로 독재 정부를 무너뜨리는 데 성공한 민주주의 혁명이다. 당시 『뉴욕타임즈』에서는 "한국이 제1·2차 세계 대전 후에 출현한 신생 민주국가들이 겪는 어려움에 새로운 활기를 불러일으켰다. …… 한국은 오래된 학생 시위의 전통을 가지고 있다. 일제에서 벗어난 첫 번째 해방의 뒤를 이어 한국의 두 번째 해방으로 불리는 이 혁명은 젊은이들의 업적이다."라고 평가하기도 하였다.

① 양원제와 내각 책임제로의 개헌이 이루어졌다.
② 정부가 내린 긴급 조치에 의해 탄압을 받았다.
③ 시국 수습을 위한 6·29 민주화 선언이 발표되었다.
④ 야당 총재에 대한 국회의원 제명 사건으로 촉발되었다.

문 8. 밑줄 친 '본군'이 활동하던 시기에 국내에서 있었던 사실로 옳은 것은?

> 본군(本軍)은 …… 중국 군사 최고 당국의 지휘를 받게 되었으며 물량 및 기술 원조도 적극적으로 받고 있는 중이다. 현재 본군은 지청천 장군의 지휘하에서 중국 각 지역에 분포되어 각종 공작을 실시·집행하고 있으며, 멀리 태평양 전선까지 본군의 깃발이 휘날리고 있다.

① 원산 노동자 총파업이 벌어졌다.
② 신간회가 국민 대회를 추진하였다.
③ 비밀 결사인 조선 건국 동맹이 조직되었다.
④ 일장기 말소 사건으로 동아일보가 정간되었다.

문 9. 다음 연설과 관련한 단체가 활동하던 시기에 볼 수 있는 모습으로 옳은 것은?

> 나는 대한의 가장 천한 사람이고 무지몰각합니다. 그러나 충군애국의 뜻은 대강 알고 있습니다. 이에 이국편민(利國便民)의 길인즉, 관민이 합심한 연후에야 가하다고 생각합니다. 저 차일에 비유하건대, 한 개의 장대로 받친즉 역부족이나 많은 장대로 합한즉 그 힘이 공고합니다. 원컨대 관민이 합심하여 우리 황제의 성덕에 보답하고, 국운(國運)이 만만세 이어지게 합시다.

① 화폐 정리 사업으로 피해를 본 상인
② 군대 해산에 반발하여 자결하는 군인
③ 러시아의 절영도 조차 요구를 규탄하는 시민
④ 일본에 진 빚을 갚기 위해 반지를 헌납하는 부인

문 10. (가), (나) 사이 시기에 있었던 사실로 옳은 것을 〈보기〉에서 모두 고르면?

> (가) 백제 왕이 태자와 함께 날랜 군사 3만을 거느리고 고구려에 침입하여 평양성을 공격하였다. 고구려 왕이 이를 막으려다가 활에 맞아 죽었다.
> (나) 고구려 왕이 군사 3만 명을 이끌고 침입하여 한성을 함락시키면서 백제 왕을 죽이고, 남녀 8천 명을 사로잡았다.

〈 보 기 〉
ㄱ. 고구려에서 불교가 공인되었다.
ㄴ. 백제와 신라가 결혼 동맹을 체결하였다.
ㄷ. 신라 승려 원광이 왕명을 받아 걸사표를 지었다.
ㄹ. 백제가 북위에 국서를 보내 고구려 공격을 요청하였다.

① ㄱ, ㄷ
② ㄱ, ㄹ
③ ㄴ, ㄷ
④ ㄴ, ㄹ

제 2 회

문 1. 밑줄 친 '이 왕'에 대한 설명으로 옳은 것은?

> 우리가 곧 교빙(交聘)을 중단한 것은 저들이 일찍이 발해와 서로 연합했다가 갑자기 의심이 일어 옛 동맹을 고려하지 않고 하루아침에 멸망시켰기 때문입니다. 그러므로 이 왕께서는 이를 매우 무도한 것으로 여기시어 국교를 맺을 수 없다고 하시면서 그들이 바친 낙타도 모두 버리고 기르지 않으셨습니다. 발해가 격파되자 그 나라 세자인 대광현 등이 우리나라가 의(義)로써 흥기하였으므로 수만 호를 거느리고 밤낮으로 길을 재촉하여 달려왔습니다. 이 왕께서는 이들을 더욱 가엾게 여기시어, 영접과 대우가 매우 두터웠고, 성과 이름을 하사하시기까지 이르렀습니다.

① '광덕'이라는 독자적 연호를 사용하였다.
② 지방 통치를 위해 사심관 제도를 처음 시행하였다.
③ 지방 호족의 군대를 재편하여 광군사를 설치하였다.
④ 2성 6부제를 중심으로 하는 중앙 관제를 정비하였다.

문 2. 다음 헌법이 시행되던 시기의 사실로 옳은 것은?

> 제40조 ① 대통령 선거인단은 국민의 보통·평등·직접·비밀선거에 의하여 선출된 대통령 선거인으로 구성한다.
> 제43조 ① 대통령의 임기가 만료되는 때에는 대통령 선거인단은 늦어도 임기 만료 30일 전에 후임자를 선거한다.
> 제45조 대통령의 임기는 7년으로 하며, 중임할 수 없다.

① 도농 격차 해소를 목표로 새마을 운동이 시작되었다.
② 사회 협약 제정을 위한 노사정 위원회가 출범하였다.
③ 중·고등학생 두발 자유화 및 해외여행 자유화가 이루어졌다.
④ 신군부 퇴진을 요구하는 시민들을 계엄군이 유혈 진압하였다.

문 3. 다음은 어느 왕의 업적이다. (가)에 들어갈 내용으로 옳은 것은?

> 7년 정월에 율령을 반포하고 처음으로 백관들의 공복을 제정하여 차례를 정하였다.
> 15년   (가)
> 18년 4월에 이찬 철부를 상대등으로 삼아 국사를 처리하게 하였다. 상대등의 관직이 이로써 처음 시작되었는데, 이는 지금의 재상과 같은 것이다.

① 불교를 공인하였다.
② 서울에 동시를 설치하였다.
③ 국학을 세워 자제를 교육하였다.
④ 북한산에 순행하여 순수비를 세웠다.

문 4. 밑줄 친 '왕'의 재위 시기에 있었던 사실로 옳은 것은?

> • 왕 7년, 정동행성에서 문서를 보내어 신첨군 15,000명의 식량 및 대군이 절령에서 합포에 이르기까지 말에게 먹일 사료를 준비할 것을 요청하였다. …… 총파가 보고하기를 "이달 26일에 모든 군대가 일기도로 향하여 출발하였는데, 선군 113명과 뱃사공 36명이 풍랑을 만나 행방불명되었습니다."라고 하였다. 낭장을 보내 보고하였다.
> • 왕 9년, 황제가 왕을 책봉하여 정동행성 좌승상으로 삼았고 업무를 처리하라고 명령하였다.

① 소금 전매제를 실시하였다.
② 도병마사가 도평의사사로 개편되었다.
③ 북경에 학문 연구소인 만권당을 지었다.
④ 화통도감을 설치해 화약 무기를 제작하였다.

문 5. 다음 상황에 대응하여 실시한 정책으로 옳은 것은?

> 진주 고을의 폐단을 도결로써 없애는 계책도 민간에서는 좋아하지 않는 일이다. 게다가 병영의 아전들이 먹어치워 부족해진 환곡을 거두어들이기 위해 고을 안의 우두머리급 백성을 초청하여 잔치를 열어 꾀기도 하고 잡아가두는 등 위협도 하면서 6만여 냥을 집집마다 이유 없이 징수하였다. 이에 군중들의 감정을 들끓고, 많은 사람들의 노여움이 일시에 폭발하였다.
> － 『진주초군작변등록』 －

① 호포제를 실시하였다.
② 선무군관포를 징수하였다.
③ 삼정이정청을 설치하였다.
④ 관수관급제를 실시하였다.

문 6. 다음 글과 관련된 역사서에 대한 내용으로 옳은 것을 〈보기〉에서 모두 고르면?

> 왕께서는 "우리나라 사람들은 유교 경전과 중국 역사에 대해서는 자세히 말하는 사람이 있으나 우리나라의 사실에 이르러서는 잘 알지 못하니 매우 유감이다. 중국 역사서에 우리 삼국의 열전이 있지만 상세하게 실리지 않았다. 또한, 삼국의 고기(古記)는 문체가 거칠고 졸렬하며 빠진 부분이 많으므로, 이런 까닭에 임금의 선과 악, 신하의 충과 사악, 국가의 안위 등에 관한 것을 다 드러내어 그로써 후세에 권계(勸戒)를 보이지 못했다. 마땅히 일관된 역사를 완성하고 만대에 물려주어 해와 별처럼 빛나도록 해야 하겠다."라고 하셨습니다.

〈 보 기 〉
ㄱ. 단군의 건국 이야기를 수록하였다.
ㄴ. 유교적 합리주의 사관을 반영하였다.
ㄷ. 한국사의 독자적 정통론을 확립하였다.
ㄹ. 본기, 열전, 지, 연표 등으로 구성되었다

① ㄱ, ㄷ
② ㄱ, ㄹ
③ ㄴ, ㄷ
④ ㄴ, ㄹ

문 7. (가)~(라) 시기에 있었던 역사적 사실로 옳은 것은?

(가)	(나)	(다)	(라)
무신정변	이의민사망	강화천도	개경환도	동녕부반환

① (가) – 인사권을 행사하는 정방이 설치되었다.
② (나) – 집권자가 교정별감이 되어 정권을 장악하였다.
③ (다) – 김사미와 효심이 난을 일으켜 연합 세력을 이루었다.
④ (라) – 좌·우별초와 신의군을 합쳐 삼별초를 편성하였다.

문 8. 다음을 활동 강령으로 삼았던 단체에 대한 설명으로 옳은 것은?

> 강도 일본을 쫓아내려면 오직 혁명으로만 가능하며, 혁명이 아니고서는 강도 일본을 쫓아낼 방법이 없는 바이다. …… 우리 민중을 깨우쳐 강도의 통치를 타도하고 우리 민족의 새 생명을 개척하려면 양병 10만이 폭탄을 한 번 던진 것만 못하며, 천억 장의 신문·잡지가 한 번의 폭동만 못할지니라. …… 민중은 우리 혁명의 대본영(大本營)이다. 폭력은 우리 혁명의 유일한 무기이다.

① 단원들이 황포 군관 학교에 입교하였다.
② 대한민국 임시 정부 산하 단체로 조직되었다.
③ 중국 호로군과 함께 쌍성보 전투에 참여하였다.
④ 친일 대회가 열리던 경성 부민관을 폭파하였다.

문 9. 다음 지도에 대한 설명으로 옳은 것은?

> 천하는 아주 넓다. 안으로 중국에서부터 밖으로 사해(四海)에 이르기까지 그 거리가 몇천몇만 리인지 알 길이 없다. 이를 줄여 몇 자[尺]의 화폭에 천하를 그리려 하다 보니 상세히 만들기가 어려운 것이다. …… 이번에 이회가 특별히 우리나라의 지도를 보강하고 확대하였으며, 일본의 지도를 덧붙여 새로운 지도를 완성하였다. 반듯하고 칭찬할 만한 것이니 문밖에 나서지 않고도 세상을 알 수 있다.

① 유럽과 아프리카 대륙까지 묘사하였다.
② 최초로 100리척을 사용하여 제작되었다.
③ 군현의 연혁과 지세, 풍속 등이 수록되어 있다.
④ 선교사가 제작한 곤여만국전도의 영향을 받았다.

문 10. 다음 의병에 대한 설명으로 옳은 것은?

> 의병 5, 6명이 내 앞에 왔는데 모두 18~20세 정도의 젊은이들이었다. …… 하나는 한국 정규군의 낡은 제복을 아직도 입고 있었다. 다른 하나는 군복 바지를 입고, 둘은 얇고 누덕누덕한 한복을 입고 있었다. …… 오전에 벌어진 전투를 지휘한 장교인 그는 자기들의 앞날이 결코 밝지는 않다는 것을 시인하였다.
> – 매켄지, 『한국의 독립운동』 –

① 단발령에 반발하였다.
② 평민 출신 의병장이 처음 등장하였다.
③ 이인영, 허위 등이 13도 창의군을 결성하였다.
④ 국왕의 해산 권고 조칙을 받고 자발적으로 해산하였다.

제 3 회

문 1. (가)~(다) 조약에 대한 설명으로 옳지 않은 것은?

> (가) 조약을 체결한 뒤에 통상 무역 상호 교류 등에서 본 조약에 부여되지 않은 어떠한 권리나 특혜를 다른 나라에 허가할 때에는 자동적으로 미국 관민에게도 똑같이 부여한다.
> (나) 중국 상민은 조선의 양화진과 한성에서 상점을 개설할 수 있다. …… 피차의 상무위원과 지방관이 발행한 여행권을 받을 경우에는 토산품을 구매할 수 있다.
> (다) 조선국을 통상항에 수입한 관세를 납부한 모든 물품은 이를 조선국의 각처에 수송함에 있어서 운송세 또는 내지통관세, 기타 일체의 세를 부과하지 않는다.

① (가) - 거중 조정 조항을 포함하였다.
② (나) - 조선이 청의 속방이라고 명시하였다.
③ (나) - 조선에서 청·일 상인 간의 경쟁을 심화시켰다.
④ (다) - 일본 상인의 조선 내륙 시장 진출을 보장하였다.

문 2. 다음 폐단을 극복하기 위한 정책으로 옳은 것은?

> 전라도에서 처음으로 도내 여러 읍을 순변사, 방어사, 조방장, 도원수와 본도 병마사에게 소속시키니 여러 도에서 이를 본받았다. …… 한번 위급한 일이 있으면 반드시 멀고 가까운 곳의 군사를 모두 동원하여 빈 들판에 모아 놓고 1,000리 밖에서 오는 장수를 기다리게 하였다. 그러므로 장수는 아직 이르지 않았는데, 적은 이미 가까이 오게 되니, 군심(軍心)이 동요하여 반드시 궤멸하는 도리밖에 없다. 무리가 한번 흩어지면 다시 모이기는 어려운 법이니, 이때 비록 장수가 당도하여도 누구를 데리고 싸울 수 있겠는가.

① 국왕의 친위군으로 장용영을 설치하였다.
② 양인과 천인을 포함한 속오군을 조직하였다.
③ 대립을 양성화하여 군적수포제를 실시하였다.
④ 정군에게 보인을 지급하여 경제적으로 지원하도록 하였다.

문 3. 밑줄 친 '왕'의 재위 시기에 있었던 사실로 옳은 것은?

> 26년 봄 정월에 고구려 왕 평성이 예(濊)와 공모하여 한수 이북의 독산성을 공격해 왔다. 왕이 신라에 사신을 보내 구원을 요청하니 신라 왕이 장군 주진을 시켜 갑병 3,000명을 거느리고 떠나게 하였다. 주진은 밤낮으로 행군하여 독산성 아래에 이르러, 그곳에서 고구려 군사들과 일전을 벌여 크게 이겼다.
> 32년 가을 7월에 왕이 신라를 습격하기 위하여 친히 보병과 기병 50명을 거느리고 밤에 구천(狗川)에 이르렀는데, 신라의 복병이 나타나 그들과 싸우다가 살해되었다.

① 부자 상속에 의한 왕위 계승이 시작되었다.
② 지방을 5부·5방, 중앙 관청을 22부로 정비하였다.
③ 일본에 아직기와 왕인을 보내 유교를 전파하였다.
④ 6좌평 16관등제를 마련하고 공복제를 시행하였다.

문 4. 다음 정책을 시행한 왕 대에 있었던 사실로 옳은 것을 〈보기〉에서 모두 고르면?

> 이조 낭청의 추천을 혁파하더라도 통청(通淸)하는 권한이 그대로 있으면, 이름은 바꾸었다고 하지만 폐단은 그대로 남아 있는 것이다. 이것은 국초의 옛 제도가 아니고, 또한 『경국대전』에도 기재되어 있지도 않은데, 낭관이 사사로운 뜻을 행하여 조정의 공정함을 어지럽히고 있으니, 나의 뜻은 새롭게 바꾸려는 것이 아니고 옛 법전에 따라 폐단을 개혁하려는 것이다. 이조 낭청의 통청을 마땅히 먼저 혁파해야 할 것이니, 그 절목을 대신들이 널리 옛 일을 상고하여 처리하도록 하라.

〈 보 기 〉
ㄱ. 『동국문헌비고』를 편찬하였다.
ㄴ. 금위영을 설치하여 5군영 체제를 완비하였다.
ㄷ. 청의 요청으로 조총 부대를 두 차례 파견하였다.
ㄹ. 양천 교혼 소생의 신분은 어머니의 신분을 따르도록 하였다.

① ㄱ, ㄷ
② ㄱ, ㄹ
③ ㄴ, ㄷ
④ ㄴ, ㄹ

문 5. (가), (나) 사이 시기에 발생한 사실로 옳은 것은?

> (가) 북간도에 주둔한 아군 7백은 북로 사령부 소재인 왕청현을 향하여 행군하다가 뜻하지 않게 같은 곳을 향하는 적군 3백을 발견하였다. 아군을 지휘하던 홍범도, 최명록(최진동) 두 장군은 즉시 적을 공격하였다. 급사격으로 적 1백 20여 명의 사상자를 내게 하고 도주하는 적을 즉시 추격하여 현재 전투 중에 있다.
> (나) '고려 혁명 군사의회의 군대와 사할린 의용대의 군대가 서로 대진하고 있는데 무장 충돌이 일어날 위험이 있다.'는 말을 듣고 곧 전선으로 나갔습니다. …… 총소리는 해질 무렵에 가서야 그쳤습니다. 전투가 8~9시간 계속된 셈입니다. 그 이튿날 사할린 의용대에서 탈퇴하여 그곳에 와 있던 홍범도의 부대가 전사자들의 시체를 거두어 매장하였습니다.

① 참의부, 정의부, 신민부 등 3부가 성립되었다.
② 일본군이 간도 지역의 한인 마을을 무차별 학살하였다.
③ 만주 군벌과 일본 총독부 사이에 미쓰야 협정이 체결되었다.
④ 주권 불멸론과 국민 주권론을 주장한 대동단결 선언이 발표되었다.

문 6. 다음 정책을 시행한 왕의 재위 시기에 있었던 일로 옳지 않은 것은?

> 내가 일찍이 송도에 있을 때 의정부를 없애자는 의논이 있었으나, 지금까지 겨를이 없었다. 지난 겨울에 대간에서 작은 허물로 인하여 의정부를 없앨 것을 청하였으나 윤허하지 않았다. 지난번에 좌정승이 말하기를 "중국에도 승상부가 없으니 의정부를 폐지해야 한다."라고 하였다. 내가 골똘히 생각해 보니 모든 일이 내 한 몸에 모이면 결재하기가 힘은 들겠지만, 임금인 내가 어찌 고생스러움을 피하겠는가.

① 사섬서를 설치하여 저화를 발행하였다.
② 사간원을 독립시켜 대신들을 견제하였다.
③ 한양을 중심으로 하는 역법을 정리하였다.
④ 호패법을 실시하여 인정(人丁)의 파악에 노력하였다.

문 7. 다음 사건이 구실이 되어 발생한 사실로 옳은 것은?

> 평안 감사 박규수가 장계를 올리기를 "평양부에 와서 정박한 이양선이 더욱 미쳐 날뛰면서 포를 쏘고 총을 쏘아대어 우리 쪽 사람들을 살해하였습니다. 그들을 제압하고 이기는 방책으로는 화공 전술보다 더 좋은 것이 없으므로 일제히 불을 질러서 그 불길이 저들의 배에 번지게 하였습니다. 저쪽 사람들이 뱃머리로 뛰어나와 비로소 목숨을 살려달라고 청하므로 즉시 사로잡아 묶어서 강안으로 데려왔습니다." 하였다.

① 어재연 부대가 광성보에서 항전하였다.
② 최초로 근대적 수교 조약을 체결하였다.
③ 외규장각에 보관 중이던 도서가 약탈당하였다.
④ 프랑스 선교사와 천주교 신자들을 대거 처형하였다.

문 8. 다음 사건과 관련된 설명으로 옳은 것은?

> 정주 목사 김진이 아뢰기를, "금나라 군대가 이미 선천·정주의 중간에 육박하였으니 장차 얼마 후에 안주에 도착할 것입니다." 하였다. 임금께서 묻기를, "이들이 명나라 장수 모문룡을 잡아가려고 온 것인가, 아니면 전적으로 우리나라를 침략하기 위하여 온 것인가?" 하니, 장만이 아뢰기를, "듣건대 홍태시란 자가 매번 우리나라를 침략하고자 했다고 합니다." 하였다.

① 이립이 의주에서 의병을 일으켰다.
② 왕이 남한산성으로 피난하여 항전하였다.
③ 소현세자와 봉림대군 등이 인질로 끌려갔다.
④ 권율이 이끈 관군이 행주산성에서 크게 승리하였다.

문 9. 다음 인물에 대한 설명으로 옳은 것은?

> - 왕자 출신으로 중국 송나라에 유학하여 불교를 연구하였다.
> - 송에서의 화폐 사용을 보고 돌아와서 주전론을 주장하였다.
> - 송과 요의 대장경에 대한 주석서를 모아 교장을 편찬하였다.

① 화엄종의 남악파와 북악파를 통합하고자 하였다.
② 일심 사상을 바탕으로 종파 간 대립을 조화시키려 하였다.
③ 이론의 연마와 실천을 아울러 강조하는 교관겸수를 제창하였다.
④ 깨달음과 꾸준한 수행을 함께 강조하는 돈오점수를 주장하였다.

제 4 회

문 1. 고대 국가의 발전 과정에서 나타난 다음 사실을 시기 순으로 바르게 나열한 것은?

> ㄱ. 고구려가 평양으로 천도하였다.
> ㄴ. 신라의 왕호가 마립간으로 바뀌었다.
> ㄷ. 백제가 율령을 반포하고 공복을 제정하였다.
> ㄹ. 금관국의 왕이 가족과 함께 신라에 투항하였다.
> ㅁ. 고구려에서 을파소의 건의로 진대법을 시행하였다.

① ㄷ-ㄴ-ㅁ-ㄹ-ㄱ
② ㄷ-ㅁ-ㄹ-ㄴ-ㄱ
③ ㅁ-ㄴ-ㄷ-ㄱ-ㄹ
④ ㅁ-ㄷ-ㄴ-ㄱ-ㄹ

문 2. 다음 사실을 시기 순으로 바르게 나열한 것은?

> (가) 윤후가 처인성으로 난을 피하였는데, 몽골 장수 살리타가 와서 성을 치매 윤후가 이를 사살하였다.
> (나) 과인은 이제 개경으로 환도하고자 하노라. 이제 출륙하여 백성을 도모하고자 하니, 모든 백관들은 과인의 뜻을 헤아리기 바라노라.
> (다) 개경은 기업이 이미 쇠하여 궁궐이 다 불타 남은 것이 없으나, 서경은 왕기가 크게 일어나고 있으니 주상께서 그곳으로 옮기시어 수도로 삼는 것이 좋을 듯합니다.
> (라) 문무의 실직이 없는 관리와 이서에 이르기까지 말을 가진 자는 신기군으로 삼고, 나이 20세 이상인 자로 과거 응시자가 아니면 모두 신보군에 속하게 하였다. 또 승려를 선발하여 항마군으로 삼았다.

① (가) - (나) - (라) - (다)
② (나) - (다) - (라) - (가)
③ (다) - (가) - (라) - (나)
④ (라) - (다) - (가) - (나)

문 3. (가), (나) 주장이 제기된 시기 사이에 있었던 사실로 옳은 것은?

> (가) 민족주의 세력에 대해서는 그 부르주아 민주주의적 성질을 분명히 인식함과 동시에 과정상 동맹자적 성질도 충분히 승인하여, 그것이 타락되지 않는 한 적극적으로 제휴하여 대중의 개량적 이익을 위해서도 종래의 소극적인 태도를 버리고 싸워야 할 것이다.
> (나) 우리는 과거에 정당적 협동 전선을 편성하는 데 만족하였던 과오를 결연히 청산하고 독자적인 세력을 결성하여 계급적 실력으로 공개적 정치 조직을 영도해 나가야 할 것이다. 따라서 본회를 해소하는 것이 당연하다고 생각한다.

① 치안 유지법이 제정되었다.
② 조선일보와 동아일보가 폐간되었다.
③ 민립 대학 설립 운동이 전개되었다.
④ 원산 지역 노동자들이 대규모 파업을 전개하였다.

문 4. (가) 계층에 대한 설명으로 옳은 것은?

> 저희들이 사지는 사람들과 다름이 없고 칠정도 똑같이 하늘에서 부여받았으니, 나라에서 볼 때에는 다 같은 훌륭한 신하들의 후예이고, 조상의 입장에서 보자면 본래 한 뿌리에서 나온 자손들입니다. 그런데 한 번 (가) (이)라는 이름이 붙자 한 몸만 금고될 뿐만 아니라, 대대로 영구히 철벽처럼 벼슬길이 막혀 있어서 도리어 조상을 모르는 한미(寒微)한 족속들이 세상에 구애받지 않는 것보다도 못합니다.

① 정조 때 규장각 검서관으로 진출하였다.
② 부세 수취에 협조하면서 향회에 진출하였다.
③ 외래문화 수용에 앞장서서 개화사상의 선구가 되었다.
④ 세도 정치 시기에 수령과 함께 농민 수탈을 강화하였다.

문 5. 다음 주장이 제기된 시기에 있었던 사실로 가장 옳은 것은?

> 첨의부에서 말하기를, "공주의 겁령구와 내료들이 기름진 땅을 많이 점유하여 산천으로 경계를 삼고, 사패를 다량으로 받아 조세를 납부하지 않으니, 청하건대 사패를 모두 거두어주십시오."라고 하였으나, 듣지 않았다.

① 다인철소가 익안현으로 승격되었다.
② 지배층을 중심으로 변발이 유행하였다.
③ 관리들이 과전법에 따라 수조권을 받았다.
④ 은입사 기술을 응용한 청자 상감 기법이 개발되었다.

문 6. (가)~(라) 시기의 경제 상황으로 옳은 것은?

(가)	(나)	(다)	(라)
휴전 협정	5·16 군사 정변	10월 유신	5·18 민주화 운동	6월 민주 항쟁

① (가) - 농지 개혁법이 제정되었다.
② (나) - 경부 고속도로가 개통되었다.
③ (다) - 최초로 무역 수지 흑자를 달성하였다.
④ (라) - 국제 통화 기금의 구제 금융을 지원받았다.

문 7. 밑줄 친 '왕'이 실시한 정책으로 옳은 것은?

> • 왕의 이름은 정명이며 성은 김씨다. 왕위에 올라 부왕을 위해 동해 바닷가에 감은사를 세웠다.
> 　　　　　　　　　　　　　　　　　　- 『삼국유사』 -
> • 왕은 완산주를 다시 설치하고 용원을 총관으로 삼았다. 거열주를 폐지하고 대신 청주를 두었으니 비로소 9주가 갖추어졌다.
> 　　　　　　　　　　　　　　　　　　- 『삼국사기』 -

① 국학을 설치하였다.
② 불교를 공인하였다.
③ 독서삼품과를 시행하였다.
④ 백성에게 처음으로 정전을 지급하였다.

문 8. 다음 조약들을 체결된 순서대로 바르게 나열한 것은?

> ㄱ. 일본 공사관에 군인 약간을 두어 경비한다. 그 비용은 조선국이 부담한다.
> ㄴ. 일본국 인민이 조선국 항구에서 죄를 지었거나 조선국 인민에게 관계되는 사건은 일본국 관원이 심판한다.
> ㄷ. 한국 정부는 이후 일본국 정부의 중개를 거치지 않고서는 어떤 조약이나 약속을 맺지 않을 것을 서로 약속한다.
> ㄹ. 장래 조선에 변란이나 중요한 사건이 일어나 청나라나 일본 어느 한쪽이 파병할 경우 그 사실을 상대방에게 알리고, 그 사변이 진정되면 즉시 철병한다.

① ㄱ - ㄴ - ㄷ - ㄹ
② ㄱ - ㄷ - ㄹ - ㄴ
③ ㄴ - ㄱ - ㄹ - ㄷ
④ ㄴ - ㄷ - ㄱ - ㄹ

문 9. (가)에 들어갈 내용으로 옳은 것은?

> 대조선 개국 ○○○년 6월 28일
> 의안
> 1. 이제부터는 국내외의 공문서 및 사문서에 개국 기년을 쓴다.
> 1. 　　　　　　　(가)
> 1. 문벌, 양반과 상민들의 등급을 없애고 귀천에 관계없이 인재를 선발하여 등용한다.

① 군대는 친위대와 진위대의 2종으로 나눈다.
② 공·사노비의 법을 일체 혁파하고 인신매매를 금지한다.
③ 지조법을 개혁하여 관리의 부정을 막고 백성을 보호한다.
④ 국가 재정은 모두 탁지부에서 관리하고, 예산·결산을 국민에게 공포한다.

문 10. 다음을 저술한 인물에 대한 설명으로 옳은 것은?

> 성현의 천만 가지 계획과 가르침이 모두 『대학』에 벗어나지 않으니, 이것이야말로 요령을 찾는 법이옵니다. …… 이에 다른 일을 제쳐 놓고 오로지 요점을 뽑는 일에 종사하여 사서·육경과 선유(先儒)의 학설, 또는 역대의 역사에 이르기까지 깊이 탐구하고 널리 찾아 모아서 정밀하고 순수한 것을 모아, 순서에 의하여 분류하였습니다. …… 만약 항상 책상 위에 두시고 살펴보시면 전하의 덕과 왕조의 학문에 다소나마 도움이 없지 않을 것입니다. 이 책은 비록 군주의 학문을 주로 하였지만 실상은 상하에 모두 통합니다.

① 일본 성리학의 발전에 큰 영향을 주었다.
② 제자에게 유언하여 만동묘를 설립하도록 하였다.
③ 『동호문답』을 저술하여 제도적 개혁을 주장하였다.
④ 노장 사상을 포용하고 학문의 실천성을 강조하였다.

제 5 회

문 1. 밑줄 친 '이 시기'의 경제 상황으로 옳은 것은?

> 이 시기의 집권층은 민생 안정과 부국강병을 위하여 과학 기술과 실용적 학문을 중시하고 민족 문화의 발달에 노력하였다. 이들은 성리학을 지도 이념으로 내세웠으나 다른 사상이나 학문도 부국강병에 도움이 되는 것은 어느 정도 받아들였다. 이로써 민족적이면서도 자주적인 성격의 민족 문화가 크게 발전할 수 있었다.

① 이앙법과 이모작이 전국적으로 확산되었다.
② 철제 농기구가 보급되고 우경이 시작되었다.
③ 장시가 전국적으로 확대되고 도고가 성장하였다.
④ 시비법의 발달로 휴경하는 경작지가 사라져갔다

문 2. (가)~(다) 관청에 대한 설명으로 옳은 것은?

> (가) 임금에게 간언하고 정사의 잘못을 논박하는 직무를 관장한다.
> (나) 시정을 논하고 관원을 감찰하며 풍속을 바로잡고 원통하고 억울한 일을 밝히며 외람된 행위와 언동을 금하는 일을 담당한다.
> (다) 궁내의 경적을 관리하고 문서를 처리하며 왕의 자문에 대비하는 일을 관장한다.

① (가) - 고려의 어사대를 계승하였다.
② (나) - 관원은 모두 경연관을 겸직하였다.
③ (다) - 왕과 신하 사이에 오간 일을 매일 기록하였다.
④ (가), (나) - 5품 이하 관리의 임명 때 적합성을 심사하였다.

문 3. (가)~(다) 조약에 대한 설명으로 옳지 않은 것은?

> (가) 일본 공사관에 군인 약간을 두어 경비한다. 그 비용은 조선국이 부담한다.
> (나) 조선 정부가 잠정적으로 쌀의 수출을 금지하고자 할 때에는 반드시 먼저 1개월 전에 지방관이 일본 영사관에게 통고해야 한다.
> (다) 일본국 인민이 조선국 지정의 각 항구에 머무르는 동안에 죄를 범한 것이 조선국 인민에게 관계되는 사건일 때에는 모두 일본국 관리가 심의한다.

① (가) - 갑신정변 직후에 체결되었다.
② (나) - 최혜국 대우를 규정하였다.
③ (다) - 해안 측량권을 인정하였다.
④ (다) - (가) - (나) 순으로 체결되었다.

문 4. 다음 담화를 발표한 정부의 정책으로 옳은 것은?

> 일제의 잔재인 옛 조선 총독부 건물을 철거하기 시작한 것도 역사를 바로잡아 민족정기를 확립하기 위한 것입니다. '역사 바로 세우기'의 참뜻을 이해하고 전폭적인 지지와 성원을 보내주신 국민 여러분께 깊이 감사드립니다.

① 지방 자치제를 전면 실시하였다.
② 남북 조절 위원회 구성에 합의하였다.
③ 중학교 무상 교육이 전면 실시되었다.
④ 사회주의권에 문호를 개방하여 중국과 수교하였다.

문 5. 다음 주장에 영향을 받아 저술된 역사서로 가장 적절한 것은?

> 단군과 기자의 시대에는 요하 이동으로부터 임진강 이서의 지역이 동방의 중심이였으며, 삼한의 지경은 교화가 미치지 않은 남쪽의 변방에 지나지 않았다. 그러다가 준왕이 위만의 침입을 피하여 남쪽으로 옮기고 드디어 마한(馬韓)이라고 칭하였다. …… 저 고구려·백제·신라의 3국은 단지 동서로 땅을 쪼개어 점령하고 있었을 뿐 일정한 정통이 없었으니, 마땅히 『자치통감강목』에서 남북조로 규정한 예를 따라야 한다.

① 기사본말체 방식의 『연려실기술』
② 고증 사학의 토대를 마련한 『동사강목』
③ 왕도 정치의 뿌리를 기자에서 찾은 『기자실기』
④ 신라의 삼국 통일을 불완전한 것으로 규정한 『발해고』

문 6. 밑줄 친 '왕'에 대한 설명으로 옳은 것은?

> 백제와 신라는 예부터 속민으로 조공을 하러 왔다. …… 군대를 파견하여 숙신, 토욕을 살피게 하고 남녀 300여 명을 잡고 이후로 조공하고 정사를 묻게 하였다. …… 백제가 서약을 어기고 왜와 화통하였다. …… 왕이 보병과 기병 5만 명을 파견하여 신라를 구원케 하니 남거성으로부터 신라성에 이르기까지 왜가 가득하였다. 왕의 군사가 이르자 왜적이 도망하였다.

① 낙랑·대방 등 중국 세력을 축출하였다.
② 영락이라는 독자적 연호를 사용하였다.
③ 공적을 기록한 비가 충주에서 발견되었다.
④ 부여성에서 비사성에 이르는 천리장성을 축조하였다.

문 7. 밑줄 친 '사절단'에 대한 설명으로 옳은 것은?

> 조선의 개항이 곧 본격적인 개화 추진을 의미하는 것은 아니었고, 대부분의 관료들은 종전의 사대 관계가 재개되는 것으로 생각하였다. 다만, 운요호 사건으로 일본의 군사력에 충격을 받은 고종은 군비 강화와 부국강병에 큰 관심을 가지게 되었고, 조약 체결 후 일본에 세 차례에 걸쳐 사절단을 파견하여 일본 근대화의 실상을 파악하려 하였다.

① 기기창 설립에 기여하였다.
② 유생들의 반대를 의식하여 비밀리에 파견되었다.
③ 『조선책략』을 들여와 개화 정책에 영향을 주었다.
④ 유럽 각지를 순방하고 서양 문물을 시찰한 후 귀국하였다.

문 8. 밑줄 친 '부대'에 대한 설명으로 옳은 것은?

> 왕이 장군 김지저를 강화에 보내어 부대를 해산하고 명부를 거두어 오게 하니, 군인들은 명부가 몽골에 전해질까 두려워 반심을 품었다. 그리하여 배중손 등은 난을 일으켜 사람들에게 몽골병이 대거 쳐들어와서 사람들을 마구 죽이니, 국가를 지키려는 자는 모두 격구장에 모이라고 외쳤다.

① 상장군과 대장군이 지휘하였다.
② 경대승이 신변 보호를 위해 설치하였다.
③ 여진을 몰아내고 동북 9성을 축조하였다.
④ 독자 정부를 세우고 일본에 외교 문서를 보냈다.

문 9. 다음 상황을 전후한 시기에 있었던 사실로 가장 적절한 것은?

> 장문휴가 등주를 선제공격하고 요서를 공격하자 당은 군사를 일으켜 이에 대항하였다. 한편, 당이 사신을 보내 군사를 요청하자 신라는 군사를 일으켜 발해의 남쪽 변경을 공격하였으나 큰 눈으로 별다른 성과를 내지 못하였다.

① 발해가 동경에서 상경으로 천도하였다.
② 신라에서 백성들에게 정전을 지급하였다.
③ 신라에서 독서삼품과를 통해 관리를 선발하였다.
④ 발해가 5경 15부 62주의 지방 제도를 정비하였다.

문 10. 다음 상황 이후 성립된 정부가 추진한 정책을 〈보기〉에서 모두 고르면?

> 심순택이 아뢰었다. "조선은 기자가 옛날에 봉해졌을 때의 칭호이니, 당당한 황제의 나라로서 그 칭호를 그대로 쓰는 것은 옳지 않습니다. 또한 '대한'이라는 칭호는 황제의 계통을 이은 나라들을 상고해 보건대 옛것을 답습한 것이 아닙니다." 상이 이르기를, "국호가 이미 정해졌으니, 원구단에 행할 제문에 '대한'으로 쓰도록 하라."라고 하였다.

〈 보 기 〉
ㄱ. 간도 관리사를 임명해 지역의 한인들을 보호하였다.
ㄴ. 궁내부를 신설하여 왕실과 정부 사무를 분리하였다.
ㄷ. 원수부를 설치하여 육·해군의 통솔권을 집중하였다.
ㄹ. 홍범 14조를 제정하여 의정부의 직무와 권한을 명확하게 하였다.

① ㄱ, ㄷ
② ㄱ, ㄹ
③ ㄴ, ㄷ
④ ㄴ, ㄹ

제 6 회

문 1. 자료의 토지 제도에 대한 옳은 설명을 <보기>에서 고른 것은?

- 공음전을 지급하는 법을 정하였다. 1품은 문하시랑평장사 이상에게 주고, 2품은 참지정사 이상에게 주고, …… 5품까지 주어 자손들에게 전해 내려가도록 하였다.
- 6품 이하 7품 이상으로 자손이 없는 자의 처에게는 구분전 8결을 지급한다. 8품 이하와 전쟁에서 사망한 군인의 처에게는 구분전 5결을 지급한다.

< 보 기 >
ㄱ. 전지와 시지를 차등을 두어 지급하였다.
ㄴ. 경기 지방의 토지에 한하여 지급하였다.
ㄷ. 군인과 향리는 직역과 함께 토지를 세습할 수 있었다.
ㄹ. 관청에는 경비를 충당하기 위해 내장전을 지급하였다.

① ㄱ, ㄷ   ② ㄱ, ㄹ
③ ㄴ, ㄷ   ④ ㄴ, ㄹ

문 2. (가), (나) 신문에 대한 설명으로 옳은 것은?

(가) 신문으로는 여러 가지가 있었으나, 제일 환영받는 외국인이 경영하는 이 신문이었다. 당시 정부의 잘못과 시국 변동을 여지없이 폭로하였다. 관 쓴 노인도 사랑방에 앉아서 신문을 보면서 혀를 툭툭 차고 각 학교 학생들은 주먹을 치며 통론(痛論)하였다.

(나) 본사에서 뜻있는 친구들을 모아 회사를 조직하여 새로 신문을 발간하여 순 국문으로 날마다 출간할 터이니, …… 신문의 명칭은 곧 이 신문이 우리 대황제 폐하의 당당한 대한국 백성에게 속한 신문이라는 뜻에서 지은 것이니 또한 중대하도.

① (가) - 최초로 상업 광고를 게재하였다.
② (가) - 신문지법의 규제에서 비교적 자유로웠다.
③ (나) - '시일야방성대곡'을 처음 발표하였다.
④ (나) - 천도교 기관지로서 일진회를 공격하였다.

문 3. 다음 정치 상황에 따라 나타난 현상으로 옳은 것을 <보기>에서 모두 고르면?

가을에 한 늙은 아전이 대궐에서 돌아와서 처와 자식에게 "요즘 이름 있는 관리들이 모여서 하루 종일 이야기를 하여도 나랏일에 대한 계획이나 백성을 위한 걱정은 전혀 하지 않는다. 오로지 각 고을에서 보내오는 뇌물의 많고 적음과 좋고 나쁨에만 관심을 가지고 어느 고을의 수령이 보낸 물건은 극히 정묘하고 또 어느 수령이 보낸 물건은 매우 넉넉하다고 말한다. 이름 있는 관리들이 말하는 것이 이러하다면 지방에서 거둬들이는 것이 반드시 늘어날 것이다. 나라가 어찌 망하지 않겠는가."라고 한탄하면서 눈물을 흘려 마지않았다.

< 보 기 >
ㄱ. 3사의 정치적 중요성이 강화되었다.
ㄴ. 지방 양반들이 향반, 잔반으로 분화되었다.
ㄷ. 왕권이 약화되고 의정부와 6조가 유명무실해졌다.
ㄹ. 왕위 계승의 정통성을 둘러싸고 예송이 전개되었다.

① ㄱ, ㄷ   ② ㄱ, ㄹ
③ ㄴ, ㄷ   ④ ㄴ, ㄹ

문 4. 다음 법령을 공포된 시기 순으로 바르게 나열한 것은?

ㄱ. 제국 신민을 징용하여 총동원 업무에 종사하게 할 수 있다. 단, 병역법의 적용을 방해하지 않는다.
ㄴ. 토지 소유자는 조선 총독이 정하는 기간 내에 주소, 씨명, 명칭 및 소유지의 소재, 지목 …… 결수를 임시 토지 조사국장에게 신고해야 한다.
ㄷ. 국체를 변혁 또는 사유 재산제를 부인할 목적으로 결사를 조직하거나 그 사정을 알고 이에 가입하는 자는 10년 이하의 징역 또는 금고에 처한다.
ㄹ. 임대인이 마름 등 소작지의 관리자를 둘 때에는 부윤, 군수에게 신청한다. 불가항력에 의해 수확고가 현저히 감소하였을 때는 소작료의 경감 또는 면제를 요청할 수 있다

① ㄴ-ㄷ-ㄹ-ㄱ   ② ㄴ-ㄹ-ㄷ-ㄱ
③ ㄴ-ㄹ-ㄱ-ㄷ   ④ ㄴ-ㄷ-ㄱ-ㄹ

문 5. 다음 사건이 일어난 시기에 볼 수 있는 모습으로 가장 옳은 것은?

> 남치근이 많은 군마를 이끌고 산 아래로 접근하며 1명도 내려오지 못하게 하니 적의 모사꾼 서림이 잡힘을 면할 수 없음을 알고 산에서 내려와 항복하였다. 군사를 몰아 산을 샅샅이 뒤지며 올라가니 여러 적이 다 항복하되 대여섯 명이 임꺽정을 따르므로 서림을 시켜 유인하여 다 죽였다.

① 상평통보를 주조하는 호조 관리
② 휼양전을 지급받은 관리의 유가족
③ 서원에서 선현을 제사하는 지방 사림
④ 과전의 풍흉을 판정하여 조세를 거두는 관리

문 6. 밑줄 친 '왕'의 재위 시기에 있었던 사실로 옳은 것은?

> 12년, 연호를 개국으로 바꾸었다. 왕이 지방을 돌아보다가 우륵과 그의 제자들이 음악을 잘한다는 말을 듣고 특별히 불렀다. 왕이 궁에 머무르며 음악을 연주하게 하였는데, 두 사람이 각각 새로운 노래를 지어 연주하였다. 이보다 앞서 가실왕이 12현금을 만들고 우륵에게 명하여 악곡을 만들게 하였는데, 그 나라가 어지러워지자 우륵이 악기를 가지고 우리에게 의탁하였다.

① 순장을 금지하고 우경을 장려하였다.
② 단양 지역에 진출해 성을 쌓고 적성비를 건립하였다.
③ 금관가야가 타격을 입고 전기 가야 연맹이 해체되었다.
④ 원광이 화랑이 지켜야 할 규범으로 세속 5계를 제시하였다.

문 7. 자료에 나타난 의거 활동이 끼친 영향으로 옳은 것은?

> 호외가 돌고 있었다. 중국 청년이 일본 침략군의 원흉 시라카와를 즉사시키고 여러 명을 부상시켰다는 것이었다. 그때서야 왜 신문을 사오라고 했는지 짐작하고 얼른 신문을 사들고 집으로 돌아왔다. 호외를 받아든 백범은 일이 제대로 되었다고 하면서 이동녕과 조완구에게 술을 권했고 세 분에서 같이 축배를 들었다. 몇 시간이 지난 후 다시 나온 호외에서는 폭탄을 던진 사람이 중국인이 아니고 한인 청년 윤봉길이라고 고쳐 보도되었다.
> － 『장강일기』 －

① 대한민국 임시 정부가 한인 애국단을 결성하였다.
② 국내에서 천마산대, 보합단 등이 무장 투쟁을 벌였다.
③ 중국 관내 독립단체들이 연합하여 민족 혁명당을 결성하였다.
④ 중국 국민당 정부가 대한민국 임시 정부에 지원을 약속하였다.

문 8. (가)~(라) 시기에 있었던 사실로 옳은 것은?

	(가)	(나)	(다)	(라)	
강화도 조약		2차 수신사 파견		우정총국 개국		고부 봉기		아관 파천

① (가) - 구식 군인들이 불만을 품고 난을 일으켰다.
② (나) - 함경도와 황해도에서 방곡령이 선포되었다.
③ (다) - 유길준 등이 조선 중립화론을 제기하였다.
④ (라) - 한글과 영문으로 독립신문이 간행되었다.

문 9. 다음 취지문을 내세운 단체에 대한 설명으로 옳은 것은?

> 무릇 나라의 독립은 오직 자강(自强)의 여하에 달려 있는 것이다. …… 그러나 자강의 방도를 강구하려 할 것 같으면 다른 곳에 있지 않고 교육을 진작하고 산업을 일으키는 데 있으니 무릇 교육이 일어나지 않으면 민지(民智)가 열리지 않고 산업이 일어나지 않으면 국부가 증가하지 못하는 것이다. 교육과 산업의 발달이 곧 자강의 방도임을 알 수 있는 것이다.

① 태극서관과 자기 회사를 설립하였다.
② 보안법이 적용되어 강제 해산되었다.
③ 일본의 황무지 개간권 요구를 저지하였다.
④ 연통제를 실시하고 독립 공채를 발행하였다.

문 10. 밑줄 친 '천도' 시기에 있었던 사실로 옳은 것은?

> 인종 때 평장사(平章事) 최윤의(崔允儀) 등 17명의 신하에게 명하여 옛날과 지금의 서로 다른 예문을 모아 참작하고 절충하여 50권의 책을 만들고, 이것을 『상정예문(詳定禮文)』이라고 명명하였다. …… 천도할 때 예관이 다급한 상황에서 미처 그것을 싸 가지고 오지 못했으니 …… 결국 주자를 사용하여, 28본을 인출한 후 여러 관청에 나누어 보내 간수하게 하니, 모든 유사들은 잃어버리지 않게 삼가 전하여 나의 통절한 뜻을 저버리지 말지어다.

① 몽골 사신 저고여가 국경 지대에서 피살되었다.
② 부인사에 보관되어 있던 초조대장경이 소실되었다.
③ 개경에서 노비 만적이 신분 해방 운동을 일으켰다.
④ 서북면 병마사 박서가 귀주성에서 몽골군을 격퇴하였다.

제7회

문 1. (가), (나) 사이 시기에 있었던 사실로 옳은 것은?

> (가) '조룡이 어금니와 뿔을 휘두른다.'에서 조룡은 진시황인데, 김종직이 진시황을 선왕에게 비한 것이요, 그 '왕위를 얻되 백성의 소망을 따랐다.'에서 말한 왕은 초회왕 심(心)인데, 처음에 항량이 진나라를 치고 손심을 찾아서 의제(義帝)를 삼았으니, 김종직은 의제를 노산에게 비한 것이다.
> (나) 남곤은 나뭇잎에 묻은 감즙을 갉아먹는 벌레를 잡아 나뭇잎에다 '주초위왕(走肖爲王)' 네 글자를 써서 갉아 먹게 하였다. …… 그는 왕에게 이 글자가 새겨진 나뭇잎을 바치게 하여 문사(文士)들을 제거하려는 화(禍)를 꾸몄다.

① 양재역 벽서 사건이 발생하였다.
② 후궁 소생의 아들이 원자로 정호되었다.
③ 이괄이 논공행상에 불만을 품고 난을 일으켰다.
④ 왕의 생모가 사사된 사건을 계기로 대신들이 숙청되었다.

문 2. 다음은 어느 인물의 약력이다. 이 인물의 활동에 대한 설명으로 옳은 것은?

> 1878년 출생
> 1907년 신민회 조직, 대성학교 설립
> 1919년 상하이 임시 정부 내무총장, 대한민국 임시 정부 노동국 총판
> 1923년 국민 대표 회의에서 개조파로 활동
> 1926년 한국 독립 유일당 북경 촉성회 선언 발표
> 1932년 윤봉길 의거로 상하이에서 체포
> 1938년 사망

① 의열단을 조직하였다.
② 샌프란시스코에서 흥사단을 설립하였다.
③ 평양에서 물산 장려 운동을 시작하였다.
④ 대조선 국민군단을 편성해 독립군을 양성하였다.

문 3. 다음 헌법을 제정한 국회에 대한 설명으로 옳은 것은?

> 제1조 대한민국은 민주 공화국이다.
> 제53조 대통령과 부통령은 국회에서 무기명 투표로써 각각 선출한다. 전항의 선거는 재적 의원 2/3 이상의 출석과 출석 의원 2/3 이상의 찬성투표로써 당선을 결정한다. 대통령과 부통령은 국무총리 또는 국회의원을 겸하지 못한다.
> 제101조 이 헌법을 제정한 국회는 단기 4278년 8월 15일 이전의 악질적인 반민족 행위를 처벌하는 특별법을 제정할 수 있다.

① 한·일 협정을 비준하였다.
② 귀속 재산 처리법을 제정하였다.
③ 한국 독립당이 국회의 다수당이었다.
④ 기립 투표에 의해 발췌 개헌을 통과시켰다.

문 4. 밑줄 친 '왕'의 재위 시기에 있었던 사실로 옳은 것은?

> • 24년, 왕이 강진, 보성, 나주 등 여러 지역을 공격하였다. 이로써 마한이 완전히 멸망하였다.
> • 26년, 겨울에 왕이 태자와 함께 정병 3만을 거느리고 고구려에 침입하여 평양성을 공격하였다. 고구려 왕 사유가 이를 막으려다가 화살에 맞아 죽었다.

① 고흥이 『서기』를 편찬하였다.
② 국호를 남부여로 개칭하였다.
③ 마라난타를 통해 불교를 수용하였다.
④ 관등제를 정비하고 관복제를 도입하였다.

문 5. (가), (나) 운동에 대한 설명으로 옳지 않은 것은?

> (가) 민주주의 이념에서 가장 기본적인 공리인 선거권마저 권력의 마수 앞에 농단되었다. …… 보라! 우리는 캄캄한 밤의 침묵에 자유의 종을 난타하는 타수(打手)의 일익(一翼)임을 자랑한다.
> (나) 이 나라의 엄연한 주인은 국민이요, 국민이 국가 권력의 주체이다. …… 그러므로 국민적 의사를 전적으로 무시한 4·13 폭거는 시대적 대세인 민주화를 거스르려는 음모요 국가 권력의 주인인 국민을 향한 도전장이 아닐 수 없다.

① (가) - 전개 과정에서 계엄령이 선포되었다.
② (나) - 대통령 직선제를 요구하였다.
③ (가), (나) - 모두 헌법 개정으로 이어졌다.
④ (가), (나) - 모두 집권 정당의 교체를 가져왔다.

문 6. 다음 정책이 시행되던 시기의 사실로 옳은 것은?

> 그때 또 사이렌이 울었다. '무엇일까?' 아직 이러한 국민 생활에 익숙지 못한 자는 이 사이렌이 오전 7시 …… 이 사이렌을 들으면 모든 가족이 사용인(使用人)까지 모두 정결한 곳에 정렬해 정성스러운 마음으로 궁성을 향해 허리를 숙여 절을 해야 할 것이다. 물론 '있는 곳'에서 하라고 했다. 방에 있던 자는 방에서, 부엌에서 일하던 자는 부엌에서, 길을 가던 자는 길에서. 어디서나 그 자리에서 하라는 말이다.

① 한반도와 일본 사이의 관세를 철폐하였다.
② 비료 사용과 수리 조합 설립을 강요하였다.
③ 헌병 경찰이 민간의 치안 업무를 담당하였다.
④ 한국인들에게 일본식 성명으로 개명할 것을 강요하였다.

문 7. (가)~(라) 시기의 정치 제도에 대한 설명으로 옳은 것은?

구분	중앙군	지방군
(가)	9서당	10정
(나)	2군 6위	주현군, 주진군
(다)	5위	영진군
(라)	5군영	속오군

① (가) - 어사대가 백관을 감찰하였다.
② (나) - 서얼의 문과 응시가 금지되었다.
③ (다) - 식목도감에서 법령과 격식을 논의하였다.
④ (라) - 비변사가 강화되고 의정부와 6조가 약화되었다.

문 8. (가), (나) 발표 사이 시기의 일로 옳은 것은?

> (가) 쌍방 사이의 관계가 나라와 나라 사이의 관계가 아닌 통일을 지향하는 과정에서 잠정적으로 형성되는 특수 관계라는 것을 인정하고 …… 남과 북은 서로 상대방의 체제를 인정하고 존중한다.
> (나) 남과 북은 나라의 통일 문제를 서로 힘을 합쳐 자주적으로 해결해 나가기로 하였다. 남과 북은 나라의 통일을 위한 남측의 연합제 안과 북측의 낮은 단계의 연방제 안이 서로 공통성이 있다고 인정하고, 앞으로 이 방향에서 통일을 지향해 나가기로 하였다.

① 유엔에 동시 가입하였다.
② 금강산 해로 관광이 시작되었다.
③ 개성 공단 조성 사업이 시작되었다.
④ 최초로 남북 적십자 회담이 개최되었다.

문 9. 다음 형벌 제도가 시행되던 시기의 사회 모습으로 옳은 것은?

> • 감찰하는 관리 자신이 도적질하거나 감찰할 때에 재물을 받고 법을 어긴 자는 도형(徒刑)과 장형(杖刑)으로 논하지 말고 직전(職田)을 회수한 다음 귀향시킨다.
> • 승인(僧人)으로 사원의 미곡을 훔친 자는 귀향시켜 호적에 편제한다.

① 백정은 직역에 대한 대가로 토지를 지급받았다.
② 향·부곡·소의 거주자들은 국자감에 입학할 수 없었다.
③ 문중 의식을 중심으로 서원이나 사우가 많이 건립되었다.
④ 호장의 자손 등은 음서를 통해 관직에 진출할 수 있었다.

문 10. 밑줄 친 '새 왕'의 재위 기간에 있었던 사실로 옳은 것은?

> 강조의 군사들이 궁궐 문으로 마구 들어오자, 왕이 모면할 수 없음을 깨닫고 천추태후와 함께 목 놓아 울며 법왕사로 옮겼다. 잠시 후 황보유의 등이 새 왕을 받들고 도착하여 드디어 왕위에 올렸다. 강조는 전왕을 폐위시켜 양국공으로 삼고, 군사를 보내 김치양 부자 등 7인을 죽였다.

① 최충이 9재 학당을 설립하였다.
② 5도 양계의 지방 제도를 정비하였다.
③ 대장도감을 설치하여 대장경을 판각하였다.
④ 운봉 등 속현에 감무를 파견하기 시작하였다.

제 8 회

문 1. 밑줄 친 '회의'에 대한 설명으로 옳은 것을 <보기>에서 모두 고르면?

> 알천공·임종공·술종공·호림공·염장공·유신공이 있었는데 이들은 남산(南山)에 있는 오지암(亐知巖)에서 <u>회의</u>를 열어 나라의 일을 의논하였다. 이때 큰 호랑이 한 마리가 좌중에 뛰어 드니 여러 공들이 놀라 일어섰는데 알천공만은 조금도 움직이지 않고 태연히 담소하면서 호랑이 꼬리를 붙잡아 땅에 메어쳐서 죽였다. 알천공의 완력이 이와 같아서 윗자리에 앉았으나 모든 공들은 유신공의 위엄에 복종하였다.

― <보기> ―
ㄱ. 진골에서 평민까지 참여하였다.
ㄴ. 백제의 정사암 회의와 유사한 성격이었다.
ㄷ. 무열왕 때 전제 왕권 강화에 따라 폐지되었다.
ㄹ. 만장일치 방식으로 국가 중대사를 결정하였다.

① ㄱ, ㄷ
② ㄱ, ㄹ
③ ㄴ, ㄷ
④ ㄴ, ㄹ

문 2. (가)에 들어갈 내용으로 가장 적절한 것은?

> 농민군이 황토현에서 관군에 승리하였다.
> ⇩
> (가)
> ⇩
> 남접과 북접 세력이 논산에 집결하였다.

① 사발통문을 돌리고 고부 관아를 습격하였다.
② 집강소를 세우고 봉건적 폐습을 개혁하였다.
③ 우금치에서 일본군 및 관군에 맞서 전투를 벌였다.
④ 공주에 집결하여 최제우의 억울함을 풀어줄 것을 호소하였다.

문 3. 다음 자료와 관련된 왕의 업적으로 옳은 것은?

> 무덤에서 지석이 발굴되어 주인공을 직접적으로 확인할 수 있게 된 최초의 왕릉이다. 지석에는 '영동대장군 사마왕'이라는 이름이 적혀 있어 『삼국사기』의 기록이 정확하다는 것을 입증하는 근거가 되기도 하였다. 벽돌로 쌓은 아치형의 내부 구조는 당시 중국과의 교류 관계도 잘 보여 준다.

① 대외 진출이 쉬운 사비로 천도하였다.
② 신라와 결혼 동맹을 맺어 고구려를 견제하였다.
③ 지방의 22담로에 왕족을 파견하였다.
④ 익산으로의 천도를 계획하고 미륵사를 건립하였다.

문 4. (가), (나)와 관련된 의병 운동에 대한 설명으로 옳은 것은?

> (가) 우리 국모의 원수를 생각하면 이미 이를 갈았는데 참혹한 일이 더하여 …… 우리 부모에게서 받은 머리털을 풀 베듯이 베어버리니 이 무슨 변고란 말인가.
> (나) 아, 지난 10월 20일의 변은 전 세계 고금에 일찍이 없었던 일이다. 우리에게 이웃 나라가 있어도 스스로 결교하지 못하고 타인을 시켜 결교하니 이것은 나라가 없는 것이다.

① (가) - 남한 대토벌 작전으로 피해를 입었다.
② (가) - 같은 시기에 자신회 등 5적 암살단이 활동하였다.
③ (나) - 신돌석 등 평민 의병장이 활동하였다.
④ (나) - 외국 공사관에 교전 단체로 승인해줄 것을 요구하였다.

문 5. 밑줄 친 '왕'에 대한 설명으로 옳은 것은?

> 고려 태조가 나라를 세울 때는 모든 것이 새로 시작하는 것이 많아서 관복 제도는 우선 신라에서 물려받은 것을 그대로 두었다. 이 <u>왕</u> 때에 와서 비로소 백관의 공복을 제정하였다. 이때부터 귀천과 상하의 구별이 명확해졌다.

① 지방 제도를 5도 양계로 정비하였다.
② 주전도감을 설치하여 해동통보를 주조하였다.
③ 노비안검법을 시행해 호족 세력을 견제하였다.
④ 전·현직 관리들에게 관등만을 기준으로 수조권을 지급하였다.

문 6. 다음 격문을 내세우며 일어난 사건에 대한 설명으로 옳은 것은?

> 학생 대중이여 궐기하라! 우리의 슬로건 아래로!
> 검거된 학생들을 즉시 우리 손으로 탈환하자!
> 경찰의 교내 진입을 절대 반대한다!
> 언론·출판·집회·결사·시위의 자유를 획득하자!
> 민족 문화와 사회 과학 연구의 자유를 획득하자!
> 전국 학생 대표자 회의를 개최하자!

① 신간회에서 진상 조사단을 파견하였다.
② 대한민국 임시 정부 수립에 영향을 주었다.
③ 경성 제국 대학이 설립되는 배경이 되었다.
④ 국내에서 민족 유일당이 건설되는 계기가 되었다.

문 7. 밑줄 친 ㉠, ㉡과 관련된 설명으로 옳은 것은?

> 일본 시마네현은 독도를 불법적으로 영토에 편입한 ㉠시마네현 고시 100주년을 계기로 2월 22일을 '독도(다케시마)의 날'로 정하는 조례를 제정하였다. 이에 대해 우리 정부에서는 "독도는 ㉡역사적으로나 국제법적으로나 우리의 고유 영토이며 분쟁 대상이 아니다. 우리는 단호하게 실효적 지배를 계속해 나갈 것이다."라는 입장을 다시 천명하며 일본의 근거 없는 도발을 배격하였다.

① ㉠ - 청·일 전쟁 중에 포고되었다.
② ㉠ - 한·일 의정서에 의해 영토를 취득했음을 내세웠다.
③ ㉡ - 『세종실록지리지』에 울릉도와 독도를 기록하고 있다.
④ ㉡ - 1965년에 체결된 한·일 협정에서 관련 내용을 명시하였다.

문 8. 밑줄 친 '이들'에 대한 설명으로 옳은 것은?

> 임술일에 왕이 다음과 같은 조서를 내렸다. "…… 이들이 나에게 불평을 품은 나머지 당돌하게 병란을 일으켜 관원들을 잡아 가두었으며 천개(天開)라는 연호를 표방하고 군호(軍號)를 충의(忠義)라고 하였으며 공공연히 병졸들을 규합하여 서울을 침범하려 한다. 사변이 뜻밖에 발생하여 그 세력을 막을 도리가 없다."

① 신라 계승 의식을 표방하였다.
② 칭제건원과 금국 정벌을 주장하였다.
③ 궁궐을 불태우고 왕을 자택에 유폐시켰다.
④ 응방이나 역관 출신으로 성장한 경우도 있었다.

문 9. 다음 선언을 발표한 정부 시기의 사실로 옳은 것은?

> 나는 오늘 자주·평화·민주·복지의 원칙에 입각하여 민족 구성원 전체가 참여하는 사회·문화·경제·정치 공동체를 이룩함으로써 민족자존과 통일번영의 새 시대를 열어 나갈 것임을 약속하면서 다음과 같은 정책을 추진해 나갈 것을 내외에 선언합니다.
> ……
> 6. 한반도의 평화를 정착시킬 여건을 조성하기 위하여 북한이 미국·일본 등 우리 우방과의 관계를 개선하는 데 협조할 용의가 있으며 또한 우리는 소련·중국을 비롯한 사회주의 국가들과의 관계개선을 추구한다.

① 개성 공단이 착공되었다.
② 경수로 건설 사업이 합의되었다.
③ 남북한이 동시에 유엔에 가입하였다.
④ 최초로 이산가족 교류가 이루어졌다.

문 10. (가), (나) 내용이 발표된 시기 사이에 있었던 일로 옳은 것은?

> (가) 대한민국과 일본국은 양국 국민 관계의 역사적 배경을 고려하며, 선린 관계 및 주권 상호 존중 원칙에 입각한 양국 관계의 정상화를 상호 의망(意望)함을 고려하고, 양국의 공동 복지 및 공동 이익을 증진하고 국제 평화 및 안전을 유지하는데 양국이 …… 협력하는 것이 중요하다는 사실을 인식한다.
> (나) 이제 일대 개혁의 불가피성을 염두에 두고 우리의 정치 현실을 직시할 때, 나는 정상적인 방법으로는 도저히 이같은 개혁이 이루어질 수 없다는 판단을 내리게 되었습니다. …… 나는 평화 통일이라는 민족의 염원을 구현하기 위하여 …… 헌법 일부 조항의 효력을 중지시키는 비상조치를 국민 앞에 선포하는 바입니다

① 국가 재건 최고 회의가 발족되었다.
② 개헌 청원 100만인 서명 운동이 전개되었다.
③ 4인조 공개 투표 등 부정 선거가 자행되었다.
④ 베트남 추가 파병을 대가로 AID 차관을 공여받았다.

문 11. (가)~(라) 시기에 있었던 사실로 옳은 것은?

(가)	(나)	(다)	(라)
고구려에 구원 요청	우산국 복속	무열왕 즉위	김지정의 난	『삼대목』 편찬

① (가) - 이사금을 왕호로 사용하였다.
② (나) - 불국사와 석굴암이 건립되었다.
③ (다) - 집사부 시중의 권한이 강화되었다.
④ (라) - 귀족 세력의 반발로 녹읍이 부활하였다.

문 12. 밑줄 친 '선대왕'에 대한 설명으로 옳지 않은 것은?

> 선대왕은 하늘이 내리신 성학으로 경사(經史)에 마음을 집중하여 일찍이 좌우에 일러 말하기를, "우리 동방에 비록 여러 역사책이 있지만 가히 『자치통감』에 비길 만한 장편 통감은 없다고 하면서, 사신(詞臣)에게 명하여 장차 교정하고 바로잡으려 했으나 일이 마침내 시행되지 못하였습니다. 우리 전하께서는 대통을 이어받고 선왕의 계책을 뒤따라서 신 서거정, 이극돈 등에게 이 책을 찬수해 올리라고 명하였습니다. …… 범례는 한결같이 『자치통감』에 의거하였고 『자치통감강목』의 필삭한 취지에 따라, 번다하고 쓸모없는 것은 삭제해서 요령만 남겨 두려고 힘썼습니다.

① 6조 직계제를 시행하였다.
② 『경국대전』 편찬을 시작하였다.
③ 여민락을 짓고 정간보를 창안하였다.
④ 간경도감을 두어 불경을 한글로 간행하였다.

문 13. 밑줄 친 '이 나라'와 관련된 설명으로 옳은 것은?

> 이 나라는 사방이 2,000리이며 촌리마다 말갈인 마을이다. 그 백성은 말갈인이 많고 토인이 적다. 토인으로 촌장을 삼는데, 큰 촌의 촌장을 도독이라 하고, 다음 가는 촌의 촌장을 자사라 하고, 그 아래는 백성들이 다 수령이라 부른다. 매우 추워 토지는 논농사에 맞지 않는다.
> - 『유취국사』 -

① 과하마, 반어피가 특산물로 유명하였다.
② 안정복은 이 나라의 존속 시기를 무통으로 보았다.
③ 조선 후기에 유득공이 이 나라 역사를 저술하였다.
④ 고려는 이 나라 계승을 표방하며 북진 정책을 추진하였다.

문 14. 밑줄 친 '이 전쟁'의 영향으로 옳은 것을 <보기>에서 모두 고르면?

> 『난중일기』는 이 전쟁이 발발한 이후부터 작성자가 전사하기 전까지 약 7년 동안의 일을 기매일 기록한 친필 일기로, 2013년에 유네스코 세계 기록 유산으로 등재되었다. 유네스코는 이를 개인의 일기이지만 전쟁 기간에 군의 최고 지휘관이 직접 매일매일의 전투 상황과 개인적 소회를 현장감 있게 다루었다는 점에서 역사적으로나 세계사적으로 유례를 찾기 힘든 기록물이라고 평가하였다.

< 보기 >
ㄱ. 공명첩 발급 등으로 신분제가 동요되었다.
ㄴ. 지방 방어를 위해 제승방략 체제가 확립되었다.
ㄷ. 풍흉에 따라 차등 징수하여 조세 부담을 줄여 주었다.
ㄹ. 비변사의 구성원이 확대되고 최고 정무 기구화되었다.

① ㄱ, ㄷ
② ㄱ, ㄹ
③ ㄴ, ㄷ
④ ㄴ, ㄹ

문 15. 다음 글에 담긴 사상과 관련된 설명으로 옳은 것은?

> 어떤 이가 화왕(모란)에게 말하였다. "두 명(장미와 할미꽃)이 왔는데 어느 쪽을 취하고 어느 쪽으로 버리시겠습니까?" 화왕이 말하였다. "장부(할미꽃)의 말도 일리가 있지만 어여쁜 여자(장미)는 얻기가 어려운 것이니 이 일을 어떻게 할까?" 장부가 다가서서 말하였다. "저는 대왕이 총명하여 사리를 잘 알 줄 알고 왔더니 지금 보니 그렇지 않군요. ……" 화왕이 대답하였다. "내가 잘못했노라."

① 강수는 이 사상을 세외교(世外敎)라 비판하였다.
② 백제의 노리사치계가 이 사상을 일본에 전하였다.
③ 임신서기석에 화랑이 이 사상을 학습했음이 기록되어 있다.
④ 연개소문이 이 사상을 장려하자 보덕이 백제로 망명하였다.

문 16. 다음 정책이 시행되던 시기의 사회 모습으로 옳은 것은?

> 왕이 말하기를 "도성의 거주민들이 전염병에 걸렸으니 구제도감을 설치하여 치료해 주고 또 시신은 방치하지 말고 수습해 매장할 것이며 신료들을 보내 동북도와 서남도의 굶주린 백성들을 진휼하라."라고 하였다.

① 오가작통법을 통해 농민의 이동을 감독하였다.
② 지방 말단 촌락은 토착 세력인 촌주가 다스렸다.
③ 향나무를 묻고 평안을 기원하는 향도가 성행하였다.
④ 여성이 남성의 집에 가 결혼하는 친영제가 확산되었다.

문 17. ㉠, ㉡ 세력에 대한 설명으로 옳은 것은?

> 예조가 아뢰기를, "자의 왕대비께서 선왕의 상에 입어야 할 복제를 결정해야 하는데, ㉠ 어떤 사람은 참최 삼년복을 입어야 한다고 하고 ㉡ 어떤 사람은 기년복(期年服)을 입어야 한다고 하니 어떻게 결정해야 할지 모르겠습니다."라고 하였다. 이에 국왕은 여러 대신에게 의견을 물은 다음 기년복으로 결정하였다.

① ㉠ - 인조반정으로 세력이 약화되었다.
② ㉠ - 5군영을 장악하여 정치적 기반으로 삼았다.
③ ㉡ - 정여립 모반 사건으로 큰 피해를 입었다.
④ ㉡ - 경신환국 이후 강경파와 온건파로 분화되었다.

문 18. (가), (나) 왕의 재위 시기에 있었던 사실이 바르게 연결된 것은?

> (가) 왕 재위 2년에 전진 국왕 부견이 사신과 승려 순도를 보내며 불상과 경문을 전해 왔다. …… 재위 5년에 비로소 초문사를 창건하고 순도를 머물게 하였다. 또 이불란사를 창건하고 아도를 머물게 하였다. 이것이 해동 불법(佛法)의 시작이었다.
>
> (나) 북위가 북연을 공격하여 점령하였다. 왕이 군사를 보내 북연 왕을 맞이하게 하였다. …… 풍홍이 평소 우리를 업신여겨 상벌을 여전히 자기 나라에서 하듯이 하였다. 이에 왕이 그의 시종을 빼앗고 태자를 잡아와 볼모로 삼았다. 풍홍이 이를 원망하여 송에 사신을 보내 맞이해주기를 요청하였다. 왕이 풍홍을 남쪽으로 보내고 싶지 않아 군사를 보내 풍홍을 북풍에서 죽였다.

① (가) - 이문진이 『신집』 5권을 편찬하였다.
② (가) - 태학을 설립하고 율령을 반포하였다.
③ (나) - 부여를 병합하여 최대 판도를 이루었다.
④ (나) - 신라를 구원하고 전기 가야 연맹에 타격을 주었다.

문 19. (가) 제도에 대한 설명으로 옳은 것은?

> 임금은 (가) 을/를 제정하기에 앞서 조정의 신하와 지방의 촌민에 이르기까지 약 17만 명의 의견을 들었다. 관리의 부정을 막고 백성의 부담을 덜어 주려 한 조세 제도가 관리들의 반대에 부딪히자, 백성의 의견을 수렴하여 시행하고자 하였다. 결과는 찬성이 반대보다 약 2만여 명 많았다. 하지만 임금은 반대가 예상보다 많다는 이유로 시행을 보류하였다. 그리고 찬성과 반대의 이유를 분석하여 세법을 더욱 보완하였다.

① 토지 1결마다 2두의 결작을 거두었다.
② 토지를 비옥도에 따라 6등급으로 구분하였다.
③ 16세기부터 점차 기피되어 대립이 성행하였다.
④ 경기도에서 처음으로 시행한 후 전국으로 확대되었다.

문 20. 밑줄 친 '이 시대'의 사회 모습으로 옳은 것을 <보기>에서 모두 고르면?

> 이 시대 사람들은 흙을 빚어 불에 구워서 만든 토기를 이용해 음식을 조리하였다. 사람들은 강가나 바닷가에 정착하여 농사를 지었으며 어패류도 많이 채취하였다.

< 보 기 >
ㄱ. 완전한 지상식 가옥이 나타났다.
ㄴ. 뼈바늘을 이용해 의복과 그물을 제작하였다.
ㄷ. 특정한 동식물을 부족의 상징으로 숭배하였다.
ㄹ. 마을 주변에 목책과 환호 등 방어 시설을 설치하였다.

① ㄱ, ㄷ
② ㄱ, ㄹ
③ ㄴ, ㄷ
④ ㄴ, ㄹ

문 11. (가)에 대한 설명으로 옳은 것은?

> 주세붕이 비로소 (가) 을/를 창건할 적에 세상에서 자못 의심했으나, 그의 뜻은 더욱 독실해져 무리들의 비웃음을 무릅쓰고 비방을 극복하여 전례 없던 장한 일을 이루었습니다. (관찰사께서) 임금께 아뢰어 주신다면, 곧 고사에 의거하여 서적과 편액을 내려 주시며 겸하여 토지와 노비를 지급하여 …… 최충, 우탁, 정몽주, 길재, 김종직, 김굉필 같은 이가 살던 곳에 모두 (가) 을/를 건립하게 될 것입니다.

① 중앙에서 교수와 훈도를 파견하였다.
② 흥선 대원군 집권기에 대부분 철폐되었다.
③ 성적 우수자에게 소과 초시를 면제해 주었다.
④ 소과 합격자가 입학하는 것을 원칙으로 하였다.

문 12. (가)~(라) 시기에 발표된 주장이 바르게 연결된 것은?

(가)	(나)	(다)	(라)
국권 피탈	3·1 운동	신간회 결성	중·일 전쟁 발발	광복

① (가) - 입어라, 조선 사람이 짠 것을. 먹어라, 조선 사람이 만든 것을.
② (나) - 공평(公平)은 사회의 근본이고, 애정은 인류의 근본 강령이다.
③ (다) - 삼균 제도를 골자로 한 헌법을 실시하여 정치와 경제와 교육의 균형을 도모한다.
④ (라) - 조선 자매 전체의 역량을 공고히 단결하여 운동을 전개하지 아니하면 아니 된다.

문 13. 다음 사건을 시기 순으로 나열한 것은?

> ㄱ. 입헌 군주제를 목표로 한 헌정 연구회가 조직되었다.
> ㄴ. 황국 중앙 총상회가 설립되어 상권 수호 운동을 전개하였다.
> ㄷ. 우리 힘으로 황무지를 개간하기 위해 농광회사가 설립되었다.
> ㄹ. 일제의 재정 예속화 정책에 반발하여 국채 보상 운동이 전개되었다.

① ㄴ - ㄱ - ㄹ - ㄷ
② ㄴ - ㄷ - ㄱ - ㄹ
③ ㄹ - ㄱ - ㄷ - ㄴ
④ ㄹ - ㄱ - ㄴ - ㄷ

문 14. 밑줄 친 ㉠~㉣에 해당하는 학자와 주장이 바르게 연결된 것은?

> 조선 후기에 누적된 사회 모순을 겪는 상황에서 이를 극복하기 위한 다양한 사상적 모색이 시도되었다. 주자의 학설을 새롭게 해석하면서 고전 유학을 통해 ㉠ 성리학의 한계를 극복하려는 노력이 있었으며, ㉡ 경세치용을 중심으로 토지 문제 해결을 주장한 이들이나, ㉢ 이용후생에 중점을 두어 다양한 사회 개혁을 주장한 사람들도 있었다. 또한 몰락한 소론의 일부 가문은 실천성을 강조하는 새로운 사상을 중심으로 ㉣ 강화학파를 형성하기도 하였다.

① ㉠ - 이황이 성리학을 도식화하여 『성학십도』를 저술하였다.
② ㉡ - 유형원은 『반계수록』에서 균전론을 제시하였다.
③ ㉢ - 박지원은 『북학의』에서 우물물에 비유하여 소비를 장려하였다.
④ ㉣ - 이익은 『곽우록』에서 나라를 좀먹는 여섯 가지 폐단을 지적하였다.

문 15. 다음 조약이 체결된 시기에 볼 수 있는 모습으로 가장 옳은 것은?

> 앞으로 대한국과 대청국은 영원히 우호를 다지며 양국 상인과 인민이 피차 교거(僑居)하는 경우에는 모두 온전히 보호와 우대의 이익을 얻는다. 다른 나라가 공평치 못하고 경멸을 당하는 일이 있을 경우에 통지하면 모두 서로 도와야 하며 중간에서 잘 조처하여 두터운 우의를 보인다. …… 재한국 중국 인민이 범법한 일이 있을 경우에는 중국 영사관이 중국의 법률에 따라 심판 처리하며, 재중국 한국 인민이 범법한 일이 있을 때에는 한국 영사관이 한국의 법률에 따라 심판 처리한다.

① 경성 제국 대학에 등교하는 학생
② 청량리에서 전차를 타고 가는 상인
③ 관민 공동회에 참여한 독립 협회 회원
④ 신문지법 제정을 요구하는 통감부 관리

문 16. 밑줄 친 '이 지역'과 관련된 사실로 옳은 것을 〈보기〉에서 모두 고르면?

> 이 지역은 중국 사신의 왕래는 물론 본국의 사신도 잇달 았으므로, 도의 모든 지역이 다 같이 피해를 입고 있으니, 조세를 감면해야 합니다. 그리고 이 지역은 방어가 매우 중 요하므로 내지의 전세(田稅)를 강가의 각 진에 나누어 들여 보내어 군자에 보충하게 함으로써 뜻밖의 변에 대비하도록 해야 합니다.
> ―『중종실록』―

〈 보 기 〉
ㄱ. 고려 시대에 김윤후가 살리타를 사살하였다.
ㄴ. 고려 시대에 병마사가 파견되어 주진군을 통솔하였다.
ㄷ. 조선 후기에 지역 차별에 반발하여 난이 일어났다.
ㄹ. 개항 이후 양헌수 등이 외국 군대와 전투를 벌였다.

① ㄱ, ㄴ
② ㄱ, ㄷ
③ ㄴ, ㄷ
④ ㄴ, ㄹ

문 17. 밑줄 친 '부대'에 대한 설명으로 옳은 것은?

> 부대의 성원은 항일 전쟁 이전 각지에서 서로 다른 투쟁 방법으로 항일 활동에 종사하였다. …… 어떤 사람들은 광 저우의 황포 군관 학교 출신이었다. 제4기생에 김원봉, 김 준, 이집중, 박효삼이 있었고 제5기생에 신악, 제6기생에 반해량 등이 있었다. 그리고 어떤 사람들은 난징에서 김원 봉이 꾸렸던 조선 혁명 간부 학교의 출신이었다.

① 조선 독립 동맹 산하의 군사 조직이었다.
② 국내 정진군을 편성하고 특수 훈련을 실시하였다.
③ 중국 관내에서 창설된 최초의 한인 군사 조직이었다.
④ 지휘권 갈등을 겪다가 러시아 적군에게 무장 해제되었다.

문 18. 다음 조항이 포함된 헌법에 대한 설명으로 옳은 것은?

> 제39조 대통령은 통일 주체 국민회의에서 토론 없이 무기 명 투표로 선거한다.
> 제40조 통일 주체 국민회의는 국회의원 정수의 3분의 1에 해당하는 수의 국회의원을 선거한다. 이 국회의원 후보자는 대통령이 일괄 추천한다.

① 여당과 야당의 개헌안을 절충한 것이다.
② 대통령이 3선까지 연임할 수 있도록 규정하였다.
③ 7년 임기의 대통령을 간선으로 선출하도록 하였다.
④ 대통령이 긴급 조치를 통해 국민의 기본권 일부를 정지시킬 수 있었다.

문 19. 다음 주장이 제기된 왕 대에 있었던 사실로 옳은 것은?

> 천자는 천지에 제사 드리고 제후는 산천에 제사 드리는 것이니, 우리나라에서 하늘에 제사를 드리는 것은 예가 아 닙니다. 소격서는 상단에 노자를, 중단에 성신을, 하단에 염라를 제사 드리며, 심지어 축문을 읽을 때에는 소격서에 서 일하던 관리들이 임금의 이름을 큰소리로 외치니, 무례 하고 방자하기가 심합니다. 혁파하는 것이 마땅합니다.

① 현량과 실시로 사림이 대거 관직에 진출하였다.
② 기유약조를 체결해 일본과 제한된 무역을 허용하였다.
③ 우리나라의 역대 시문을 모아 『동문선』을 편찬하였다.
④ 황해도 지역에서 백정 출신 도적 임꺽정이 활동하였다.

문 20. 밑줄 친 '이 나라'에 대한 설명으로 옳은 것은?

> 왕이 이찬 이사부에게 명하여 이 나라를 공격하도록 하였 다. 이때 사다함은 나이 15, 16세였음에도 종군하기를 청하 였다. 왕이 나이가 아직 어리다 하여 허락하지 않았으나, 여러 번 진심으로 청하고 뜻이 확고하였으므로 드디어 귀당 비장으로 삼았다. …… 그 사람들이 뜻밖에 군사가 쳐들어 오는 것을 보고 놀라 막지 못하였으므로 대군이 승세를 타 고 마침내 이 나라를 멸망시켰다.

① 구지봉 전설과 관련된 건국 신화가 전해진다.
② 왕족을 비롯한 대성 8족이 지배층을 이루었다.
③ 철 생산을 바탕으로 해상 교역을 통해 성장하였다.
④ 5세기 후반에 소백산맥 서쪽까지 세력을 확대하였다.

문 11. (가)와 관련된 설명으로 옳지 않은 것은?

> 윤지충이 공술하기를, "신주를 세우고 죽은 사람 앞에 술과 음식을 올리는 것은 (가) 에서 금지하는 것이라서 신주도 세우지 않고 제향도 차리지 않았습니다."라고 하였다. …… 임금이 말하기를, "사학(邪學)을 하는 자가 어디 윤지충뿐이겠는가. 이제 그를 처벌하여 일벌백계의 본보기로 삼아 백성들을 깨우치고 사학에 대한 금령을 엄격히 세워야 한다."라고 하였다.

① 최제우가 동학을 창도하는 계기가 되었다.
② 정부의 탄압이 신미양요 발발의 배경이 되었다.
③ 연루된 사건으로 정약전이 흑산도로 유배되었다.
④ 18세기 후반 일부 남인들이 신앙으로 수용하였다.

문 12. 다음 인물에 대한 설명으로 옳은 것은?

> 그는 일본으로 망명한 후 고종에게 상소문을 보내 나라의 정치를 올바르게 개혁하기 위해서는 "양반을 없애버리고 양반 정치를 타도하는 것이 급선무"라고 주장하였다. 그러나 그가 조선 정부와 교섭에 걸림돌이 되자 일본 정부는 암살을 핑계로 태평양 남쪽에 멀리 떨어진 오가사와라 섬으로 강제 추방하기도 하고 북쪽 끝 삿포로에 연금하기도 하였다.

① 우정국 개국 축하연을 계기로 정변을 일으켰다.
② 영국인 베델과 함께 대한매일신보를 발간하였다.
③ 수신사로 일본에 가서 『조선책략』을 받아 귀국하였다.
④ 보빙사의 일원으로 미국에 가서 최초의 유학생이 되었다.

문 13. 밑줄 친 '이들'과 관련된 설명으로 옳은 것을 <보기>에서 모두 고르면?

> 지금 혜상공국을 설치함은 특별히 임금님께서 이들을 가엾게 보시고 보호하는 것이니 그 감사하고 축하함이 과연 어떠하리오.

――――――〈 보 기 〉――――――
ㄱ. 지방 장시를 무대로 활동하였다.
ㄴ. 관허 상인으로 금난전권을 행사하였다.
ㄷ. 황국 협회에 가입하여 독립 협회의 활동을 방해하였다.
ㄹ. 황국 중앙 총상회를 조직하여 상권 수호 운동을 전개하였다.

① ㄱ, ㄴ
② ㄱ, ㄷ
③ ㄴ, ㄷ
④ ㄴ, ㄹ

문 14. 다음 (가)~(다) 세력이 집권하던 시기의 사실로 가장 적절한 것은?

> (가) 재상가에는 녹이 끊이지 않으며, 노예가 3천이고 이에 상당하는 수의 갑병(군인)과 소, 말, 돼지가 있었다. 바다 가운데 섬에서 길러 필요할 때 활로 쏘아서 잡아먹었다. 곡식을 꾸어서 갚지 못하면 노비로 삼았다.
> (나) 그는 다른 성씨가 비(妃)가 되어 권력과 총애가 분산될까 두려워하여 셋째 딸을 왕비로 바쳤으며, 넷째 딸도 왕에게 바쳤다. 왕은 그를 제거하고자 신하들을 불러 논의하였으나, 그의 심복이었던 척준경이 칼을 빼어들고 군사들로 하여금 활을 쏘면서 공격을 하니 화살이 왕 앞에까지 날아 왔다.
> (다) 지금부터 만약에 종친으로서 동성과 혼인하는 자는 성지(聖旨)를 어긴 것으로 논죄할 터인즉 …… 파평 윤씨, 평양 조씨 등 15개 가문은 모두 누대의 공신이요, 재상 지종(宰相之宗)이니 가히 대대로 혼인을 하여 아들은 종실의 여자에게 장가들고 딸은 왕비로 삼을 만하다.

① (가) - 고구려 계승 의식을 바탕으로 북진 정책을 추진하였다.
② (나) - 불교의 타락상을 정화하려는 개혁 운동이 전개되었다.
③ (다) - 과거를 통해 진출한 신진 사대부가 사회 개혁을 주장하였다.
④ (가), (나) - 5품 이상 관원들은 자손과 사위 등은 음서의 혜택을 받았다.

문 15. (가), (나) 주장에 대한 설명으로 옳은 것은?

> (가) 저들이 비록 왜인이라고 하나 실은 서양 도적입니다. 강화가 한번 이루어지면 사학 서적과 천주의 초상화가 교역하는 속에 들어올 것입니다. 그렇게 되면 얼마 안 가서 선교사를 통해 신자에게 전해져 사학이 온 나라 안에 퍼지게 될 것입니다.
> (나) 갑자기 황준헌의 종용으로 끌어들였다가 그들이 우리의 허점을 엿보고 어려운 요구를 하면 어떻게 대응하겠습니까? …… 러시아는 본래 우리와 꺼리고 미워함이 없는 나라입니다. 공연히 이간질하는 남의 말만 듣고 배척하였다가 이를 구실로 침략해오면 장차 이를 어떻게 막으시렵니까?

① (가) - 대대적인 천주교 박해로 이어졌다.
② (가) - 제2차 수신사가 귀국한 후 제기되었다.
③ (나) - 미국과 수교하자고 주장하였다.
④ (나) - 영남 지역 유생들이 집단적으로 주장하였다.

문 16. 다음 조약과 관련된 설명으로 옳은 것은?

> 1. 대한 정부는 대일본 정부가 추천한 일본인 1명을 재정 고문으로 삼아 대한 정부에 용빙하여 재무에 관한 사항은 일체 그의 의견을 물어서 시행해야 한다.
> 2. 대한 정부는 대일본 정부가 추천한 외국인 1명을 외교 고문으로 삼아 외부(外部)에 용빙하여 외교에 관한 중요한 사무는 일체 그의 의견을 물어서 시행해야 한다.

① 13도 창의군이 조직되는 배경이 되었다.
② 재정 고문은 화폐 정리 사업을 추진하였다.
③ 외교 고문은 하얼빈에서 안중근에 의해 저격당하였다.
④ 일본이 군사상 필요한 지역을 마음대로 이용할 수 있게 되었다.

문 17. (가)~(라) 국가에 대한 설명이 바르게 연결된 것은?

> (가) 10월에 동맹이라는 제천 행사를 실시하였다.
> (나) 도둑질을 하면 물건 값의 12배를 변상하게 하였다.
> (다) 다른 부족의 영역을 침범하면 노비와 가축으로 배상하였다.
> (라) 우두머리는 세력의 크기에 따라 신지, 견지, 읍차 등으로 불렸다.

① (가) - 마가, 우가, 저가, 구가 등이 사출도를 다스렸다.
② (나) - 형이 죽으면 형수를 아내로 삼는 풍습이 있었다.
③ (다) - 혼인 풍습으로 민며느리제가 있었다.
④ (라) - 가족이 죽으면 가매장하였다가 뼈를 추려 가족 공동 묘에 안치하였다.

문 18. 다음 문화적 동향이 나타난 시기를 순서대로 바르게 나열한 것은?

> (가) 팔각원당형을 기본으로 하는 승탑이 유행하였다.
> (나) 배흘림 기둥 양식에 기둥 위에만 공포를 둔 목조 건축이 유행하였다.
> (다) 비례미와 조화미를 강조한 2중 기단 위의 3층 석탑이 많이 건립되었다.
> (라) 외형은 규모가 큰 다층 건물로서, 내부가 하나로 통하는 구조로 된 사원 건축이 유행하였다.

① (가) - (나) - (라) - (다)
② (가) - (다) - (나) - (라)
③ (다) - (가) - (나) - (라)
④ (다) - (나) - (가) - (라)

문 19. 고려 시대 각 중앙 관청의 업무가 바르게 연결된 것은?
① 삼사 - 비리를 저지른 관리를 조사하고 탄핵하였다.
② 식목도감 - 재신과 추밀이 모여 법령을 심의하였다.
③ 도병마사 - 국왕의 인사 조치에 대해 서경을 행하였다.
④ 중추원 - 간쟁을 담당하여 국왕의 정무를 비판하였다.

문 20. (가), (나) 합의를 통해 활동한 독립군 단체에 대한 설명으로 옳은 것은?

> (가) 중국과 한국 양국의 군민은 한마음 한뜻으로 일제에 대항하여 싸우고, 인력과 물자는 서로 나누어 쓰고, 합작의 원칙하에 국적에 관계없이 그 능력에 따라 항일 공작을 나누어 맡는다.
> (나) 1. 한·중 양군은 최악의 상황이 오는 경우에는 장기간 항전할 것을 맹서한다.
>   2. 중동 철도를 경계선으로 하여 서부 전선은 중국이 맡고, 동부 전선은 한국이 맡는다.
>   3. 전시의 후방 전투 훈련을 한국 장교가 맡고, 한국군에 필요한 군수품 등은 중국군이 공급한다.

① (가) - 국민부 산하의 군사 조직이었다.
② (가) - 호가장 전투와 타이항산 전투를 주도하였다.
③ (나) - 홍경성 전투에서 승리하였다.
④ (나) - 소속된 한인들이 조국 광복회를 조직하였다.

문 11. 밑줄 친 '왕' 대에 있었던 사실로 옳은 것은?

> 여러 신하들이 아뢰기를 "예부터 국가를 가진 이가 모두 제(帝), 왕(王)으로 칭하였는데, 우리 시조가 건국한 지 지금 23대가 되었으나 단지 방언으로 칭하여 존호를 정하지 않았습니다. 지금 여러 신하들은 한뜻으로 삼가 신라국왕(新羅國王)이란 존호를 올립니다."라고 하였다. 왕이 이에 따랐다.

① 이사부를 보내 우산국을 복속시켰다.
② 화랑도를 국가적 조직으로 정비하였다.
③ '건원'이라는 독자적 연호를 사용하였다.
④ 김씨에 의한 왕위 계승권을 확립하였다.

문 12. 다음은 어느 인물의 연보이다. (가), (나)에 들어갈 사실로 옳은 것은?

> 1876년 출생
> 1919년 대한민국 임시 정부 경무국장에 취임
> (가)
> 1940년 대한민국 임시 정부 주석이 됨
> (나)
> 1949년 암살당함

① (가) – 한인 애국단 창설
② (가) – 국민 대표 회의 소집 주장
③ (나) – 좌우 합작 위원회 참여
④ (나) – 반민족 행위 특별 조사위원회 참여

문 13. 밑줄 친 '그'에 대한 설명으로 옳은 것은?

> 그는 화엄경의 '일체 무애인은 한 길로 생사를 벗어난다.'라는 구절을 따다 이름을 무애라 하고 노래를 지어 세상에 퍼뜨렸다. 일찍이 이것을 가지고 많은 촌락에서 노래하고 춤추며 교화하고 읊다가 돌아왔으므로 가난하고 무지몽매한 무리들까지도 모두 부처의 이름을 알게 되었고 나무아미타불을 부르게 되었다.

① 선종을 도입하여 가지산문을 개창하였다.
② 수나라에 원군을 청하는 '걸사표'를 지었다.
③ 참회 수행에 바탕을 둔 결사 운동을 제창하였다.
④ 『금강삼매경론』, 『대승기신론소』 등을 저술하였다.

문 14. (가), (나) 사이 시기에 있었던 사실로 옳은 것은?

> (가) 신의 나라는 고구려와 더불어 근원이 부여에서 나왔습니다. 선대에는 우의를 두텁게 하였는데 …… 추악한 무리가 점점 강성하여져 끝내 침략과 위협을 당하여 원한이 얽히고 전화(戰禍)가 연이은 것이 30여 년입니다. …… 지금 연(璉)은 죄가 차고 악이 쌓여 백성들은 무너지고 흩어졌습니다. 이는 멸망시킬 수 있는 시기요 손을 쓸 때입니다.
>
> (나) 이찬 이사부가 왕에게 건의하였다. "국사라는 것은 임금과 신하들의 선악을 기록하여, 좋고 나쁜 것을 만대 후손들에게 보여 주는 것입니다. 이를 책으로 편찬해 놓지 않는다면 후손들이 무엇을 보고 알겠습니까?" 왕이 깊이 동감하고 대아찬 거칠부 등에게 명하여 선비들을 널리 모아 그들로 하여금 역사를 편찬하게 하였다.

① 고구려의 온달이 아단성에서 전사하였다.
② 백제에서 목탑 양식의 석탑을 건립하였다.
③ 신라에서 위화부 등 중앙 관서 14부를 정비하였다.
④ 대가야가 소백산맥 서쪽의 남원·임실 지역까지 진출하였다.

문 15. 밑줄 친 '왕'의 재위 시기에 있었던 사실로 옳은 것은?

> 주전도감에서 왕에게 아뢰기를 "백성들이 화폐를 사용하는 유익함을 이해하고 그것을 편리하게 생각하고 있으니 이 사실을 종묘에 알리십시오."라고 하였다. 이 해에 또 은병을 만들어 화폐로 사용하였는데, 은 한 근으로 우리나라의 지형을 본떠서 만들었고 민간에서는 활구라고 불렀다.

① 서북면 도순검사 강조가 정변을 일으켰다.
② 관복과 인품을 기준으로 전시과를 지급하였다.
③ 김위제의 건의를 받아 남경개창도감을 설치하였다.
④ 국자감에 일종의 장학 재단인 양현고를 설치하였다.

문 16. 밑줄 친 '왕'의 재위 기간에 있었던 사실로 옳은 것은?

> 국내 여러 주와 군이 조세를 납부하지 않으므로 국고가 고갈되어 국가 재정이 궁핍해졌다. 이에 왕이 사신들을 보내어 독촉하니 도적들이 들고일어났다. 이때 원종과 애노 등이 사벌주를 근거로 하여 반란을 일으켰다. …… 도적들이 나라 서남쪽에서 일어났는데, 바지를 붉게 하여 표식을 하였기 때문에 사람들은 적고적이라고 불렀다.

① 최치원이 시무책 10여 조를 건의하였다.
② 견훤이 완산주에서 후백제를 건국하였다.
③ 장보고 세력이 왕위 쟁탈전에 관여하였다.
④ 김헌창이 연호를 경운, 국호를 장안이라 하고 난을 일으켰다.

문 17. 밑줄 친 '이 운동'과 관련된 설명으로 옳은 것은?

> 이 운동에 대하여 역사가들은 단지 왕사(王師)가 반란한 적을 친 것으로 알았을 뿐인데, 이는 근시안적인 관찰이다. 그 실상은 낭가(郎家)와 불교 양가 대 유교의 싸움이며, 국풍파(國風派) 대 한학파(漢學派)의 싸움이며, 독립당 대 사대당의 싸움이며, 진취 사상 대 보수 사상의 싸움이니, …… 만일 이 운동이 성공했더라면 조선사가 독립적·진취적으로 진전하였을 것이니 이것이 어찌 일천년래 제일 대사건이라 하지 아니하랴.

① 신라 계승 의식을 표방하였다.
② 분사 제도가 실시되는 배경이 되었다.
③ 국호를 대위, 연호를 천개라 하고 난을 일으켰다.
④ 정주성에서 수개월간 저항하다가 관군에 진압되었다.

문 18. 다음 내용과 관련된 설명으로 옳지 않은 것은?

> 옛날에 환인(桓因)의 서자인 환웅이 항상 인간 세상을 구하고자 하는 뜻을 가지고 있으므로 아버지 환인이 아들의 뜻을 알고 천부인 3개를 주어 세상에 내려 보내 인간 세계를 다스리도록 하였다. 이에 환웅이 무리 3,000명을 이끌고 태백산 꼭대기에 있는 신단수 아래로 내려와서 여기를 신시라 불렀다. 그는 풍백·우사·운사를 거느리고 …… 웅녀는 그와 혼인해주는 이가 없으므로 신단수 아래에서 아이를 가지게 해달라고 기원하였다. 이에 환웅이 잠시 사람으로 변하여 결혼해서 아들을 낳으니 그가 곧 단군왕검이다.

① 농경 사회를 기반으로 성립되었다.
② 지배자는 제정일치의 성격을 가지고 있다.
③ 철기 문화를 토대로 연맹 왕국이 등장하였다.
④ 우세한 부족이 선민사상을 통해 주변 부족을 통합하였다.

문 19. 밑줄 친 '왕' 재위 시기에 있었던 사실로 옳은 것은?

> 좌의정 채제공이 왕께 아뢰기를, "근래에는 무뢰배들이 삼삼오오로 시전을 만들어 생활용품을 독점하지 않은 것이 없습니다. 크게는 말이나 배로 운반하는 상품에서부터 작게는 머리에 이고 손에 든 상품에 이르기까지 길목을 지키고 있다가 싼값으로 억지로 사려 합니다. …… 평시서로 하여금 30년 이내에 신설된 시전을 모두 혁파하게 하십시오. 그리고 형조와 한성부에 분부하여 육의전 이외에는 금난전권을 행사하지 못하게 처벌하십시오."라고 하였다.

① 각 붕당의 온건파를 중심으로 탕평파를 육성하였다.
② 젊은 신하들을 재교육하는 초계문신제를 실시하였다.
③ 황사영이 외국 군대를 요청하는 백서를 보내려다 발각되었다.
④ 안용복이 두 차례 일본에 건너가 조선의 독도 영유권을 인정받았다.

문 20. 다음 법령이 시행되던 시기에 있었던 사실로 옳은 것을 〈보기〉에서 모두 고르면?

> 회사 설립은 조선 총독의 허가를 받아야 한다. 회사가 본령이나 본령에 따라 발하는 명령과 허가 조건을 위반하거나, 공공질서와 풍속에 반하는 행위를 할 때 총독은 사업의 정지, 지점 폐쇄, 또는 회사의 해산을 명한다.

〈 보기 〉
ㄱ. 학생들이 독립운동의 중심적 역할을 하였다.
ㄴ. 박상진을 중심으로 대한 광복회가 조직되었다.
ㄷ. 원산에서 최대 규모의 노동 쟁의가 전개되었다.
ㄹ. 국권 회복 요구서를 총독부에 보내려는 시도가 있었다.

① ㄱ, ㄷ
② ㄱ, ㄹ
③ ㄴ, ㄷ
④ ㄴ, ㄹ

문 11. 밑줄 친 '그'에 대한 설명으로 옳은 것은?

> 그는 죽주의 반란군 괴수 기훤의 휘하에 있다가 기훤이 오만무례하므로 북원의 반란군 양길의 휘하로 들어갔다. 양길은 그를 우대하고 일을 맡겼으며, 군사를 주어 동쪽으로 신라의 영토를 공략하게 하였다. …… 왕을 자칭하고 사람들에게 "이전에 신라가 당나라에 청병하여 고구려를 격파하였기 때문에 평양의 옛 서울이 황폐하여 풀만 성하게 되었으니, 내가 반드시 그 원수를 갚겠다."라고 말하였다. …… 부석사에 이르러 벽화에 있는 신라 왕의 화상을 보고 칼을 뽑아 쳤는데 그 칼자국이 아직도 남아 있다.

① 중국 오월과 외교 관계를 수립하였다.
② 취민유도를 내세워 조세를 경감시켰다.
③ 광평성, 내봉성 등의 관제를 마련하였다.
④ 경주를 습격해 경애왕을 죽이고 경순왕을 세웠다.

문 12. 밑줄 친 '이곳'에서 일어난 역사적 사실을 〈보기〉에서 고른 것은?

> 중국이 아편 전쟁에 패한 후 개항한 다섯 곳의 항구 중 하나로, 영국을 비롯해 미국, 프랑스 등 열강이 이곳에 조계를 개설하였다. 조계지에서는 치외 법권이 인정되었으므로 청 정부와 일본의 영향력이 미치지 않았고, 열강과 연락하기 편리했기 때문에 3·1 운동 직후 외교 독립론자들은 임시 정부의 위치를 이곳에 두어야 한다고 주장하였다.

〈 보 기 〉
ㄱ. 여운형을 중심으로 신한 청년당이 결성되었다.
ㄴ. 한인촌을 바탕으로 서전서숙과 명동 학교가 건립되었다.
ㄷ. 윤봉길이 전승 기념식에 참석한 일본군 장성들을 살상하였다.
ㄹ. 장인환과 전명운이 친일 활동을 하던 스티븐스를 저격하였다.

① ㄱ, ㄴ   ② ㄱ, ㄷ
③ ㄴ, ㄹ   ④ ㄷ, ㄹ

문 13. 다음 주장을 펼친 인물에 대한 설명으로 옳은 것은?

> 국가의 역사는 민족의 소장성쇠(消長盛衰)의 상태를 서술할지라. 민족을 빼면 역사가 없으며 역사를 빼어 버리면 민족의 그 국가에 대한 관념이 크지 않을지니, 오호라 역사가의 책임이 그 역시 무거울진저 …… 만일 그렇지 않으면 이는 무정신의 역사이다. 무정신의 역사는 무정신의 민족을 낳으며, 무정신의 국가를 만들 것이니 어찌 두렵지 아니하리오.

① 삼원보에 신흥 강습소를 설립하였다.
② '시일야방성대곡'을 지어 을사늑약을 비판하였다.
③ 위임 통치 청원을 비판하고 국민 대표 회의 소집을 주도하였다.
④ 유교계를 실천적 양명학 중심으로 개혁해야 한다고 주장하였다.

문 14. (가)에 대한 설명으로 옳은 것은?

> 아무리 문벌이 좋고 번성한 집안이라 해도 가승(家乘)이 전혀 없어서 겨우 몇 대만 내려가도 고조와 증조의 이름과 호(號)도 기억하지 못하는 사람이 있게 되고, 자손들은 점차 서로 관계가 멀어져 혹 친척을 알아보지 못하여 길에서 만난 사람처럼 보니, 이와 같고서야 효제(孝悌)를 일으키고 예양(禮讓)을 이루고자 한들 어찌 어렵지 않겠는가? 이것이 우리 문경공과 익평공이 정성을 쏟아 (가) 을/를 저술하고 내가 힘써 그 뜻을 완성한 까닭이다.

① 임진왜란 이후의 것만 현존하고 있다.
② 자녀를 남녀순으로 기록하다가 출생순으로 바뀌어갔다.
③ 배우자를 구하거나 붕당을 구분하는 데 이용되기도 하였다.
④ 약정의 주도하에 덕업상권, 환난상휼 등을 강령으로 삼았다.

문 15. 밑줄 친 '그'가 속한 계층에 대한 설명으로 옳지 않은 것은?

> 그는 스스로 서쪽으로 유학하여 얻은 바가 많다고 생각하여, 돌아온 뒤에 자기의 뜻을 실행하려 하였다. 그러나 말세를 당하여 의심과 시기가 많아 이러한 생각이 용납되지 못하고 외직으로 나가 대산군 태수가 되었다. …… 그는 산림과 강해를 소요하며 누대와 정자를 지어 소나무와 대나무를 심어놓고 책 속에 묻혀서 풍월을 읊었다. 최후에 가족을 데리고 가야산 해인사에 은거하면서, 형인 승려 현준 및 정현스님과 도우를 맺고 한가로이 은거 생활을 하다가 노년을 마쳤다.

① 관등 승진에서 중위제를 적용받았다.
② 중앙 관부의 최고 책임자를 독점하였다.
③ 비색, 청색, 황색 공복을 입을 수 있었다.
④ 얻기 어렵다는 의미로 득난(得難)이라고도 불렸다.

문 16. 밑줄 친 '이 사상'과 관련된 사실로 옳은 것은?

> 이색이 다시 학칙을 정비하고 매일 명륜당에 앉아 경을 나누어 수업하고, 강의를 마치면 서로 더불어 논란하여 한가한 때가 없었다. 이에 학자들이 모여들고 서로 보고 느끼게 되면서 이 사상이 비로소 흥기하였다.

① 조선 후기 국학 발달에 영향을 주었다.
② 정제두가 강화도에 은거하면서 집대성하였다.
③ 주요 의례를 관장하기 위해 소격서를 설치하였다.
④ 신진 사대부가 권문세족을 비판하는 근거가 되었다.

문 17. (가), (나) 사이 시기에 있었던 상황으로 옳은 것은?

> (가) 왕은 비단에 5언시 태평송을 써서, 이를 춘추의 아들 법민으로 하여금 당나라 황제에게 바치도록 하였다. 이 해에 처음으로 중국의 연호인 영휘를 사용하였다.
> (나) 왕이 부여융과 더불어 취리산에서 제단을 쌓고 칙사 유인원과 마주하여 피를 입에 머금으면서 산하를 두고 맹약하였다. 맹약의 내용은 경계를 확정하고 봉토를 쌓아서 이를 영원한 국토로 삼아, 백성들이 거주하고 저마다 생업을 경영하도록 한다는 것이었다.

① 백제가 신라의 대야성을 함락시켰다.
② 신라가 매소성에서 당군을 격파하였다.
③ 왜의 지원군이 백강 입구에서 크게 패하였다.
④ 검모잠이 안승을 왕으로 추대하고 부흥 운동을 일으켰다.

문 18. 밑줄 친 '국회'와 관련된 설명으로 옳은 것은?

> 이 헌법 시행 당시의 국회는 지난 3월 15일에 실시된 대통령·부통령 선거에 관여하여 부정행위를 한 자와 그 부정행위에 항의하는 국민에 대하여 살상 기타의 부정행위를 한 자를 처벌하기 위한 특별법을 제정할 수 있다. 또한, 특정 지위에 있음을 이용하여 현저한 반민주 행위를 한 자의 공민권을 제한하기 위한 특별법을 제정할 수 있다. …… 앞의 형사 사건을 처리하기 위하여 특별 재판소와 특별 검찰부를 둘 수 있다.

① 국회의원의 임기는 2년이었다.
② 야당 총재가 국회의원직에서 제명되었다.
③ 민의원과 참의원의 양원으로 구성되었다.
④ 대통령이 국회의원 정수의 1/3을 추천하였다.

문 19. 다음 정책을 시행한 왕 대의 사실로 옳은 것은?

> 신이 여러 고을로 하여금 백성이 원하는 것을 물었더니 모두 "조를 지주의 집으로 바치는 것보다 경창에 스스로 바치고자 합니다."라고 하였는데, 호조에서 여기에 의거하여 아뢰기를 "모든 농지의 조를 백성들로 하여금 경창에 스스로 바치게 하고, 그것을 관리들에게 녹봉의 예에 따라 나누어 주도록 하소서." 하니 그대로 따랐다.

① 식자판 조립법을 창안하였다.
② 전국에 진관 체제를 시행하였다.
③ 집현전을 계승하여 홍문관을 설치하였다.
④ 왕실 외척 간의 갈등으로 사화가 일어났다.

문 20. (가), (나) 정책에 관한 설명으로 옳은 것은?

> (가) 토지 소유자는 조선 총독이 정하는 기간 내에 주소, 씨명, 지목, 자번호(字番號), 사표(四標), 등급, 지적, 결수(結數)를 임시 토지 조사 국장에게 신고해야 한다.
> (나) 조선의 수리 시설을 개선하면 1천만 석의 쌀을 증산할 수 있고, 미간지를 개척하면 1천만 석을 추가로 증산할 수 있다. 또한 만주 지역을 개발하면 2천만 석의 쌀을 얻을 수 있다. 따라서 조선과 만주를 일본의 식량 공급지로 만드는 일을 신속히 추진해야 산다.

① (가) - 근대식 소유권 증서인 지계를 발급하였다.
② (가) - 농촌 진흥 정책에 따라 전국적으로 실시되었다.
③ (나) - 만주 지역에서 수입한 잡곡의 소비가 증가하였다.
④ (나) - 대다수 지주들이 몰락하여 소작농이나 화전민이 되었다.

문 10. (가), (나) 주장이 제기된 시기 사이에 있었던 사실로 옳은 것을 <보기>에서 모두 고르면?

> (가) 통일 정부를 고대하나 여의케 되지 않으니, 우리는 남방만이라도 임시 정부 혹은 위원회 같은 것을 조직하여 38선 이북에서 소련이 철퇴하도록 세계 공론에 호소하여야 될 것이니 여러분도 결심하여야 될 것이다.
> (나) 한국이 있어야 한국 사람이 있고, 한국 사람이 있고야 민주주의도 공산주의도 또 무슨 단체도 있을 수 있는 것이다. 그러면 우리의 자주독립적 통일 정부를 수립하려 하는 이때에 …… 마음속의 38도선이 무너지고야 땅 위의 38도선도 철폐될 수 있다. …… 현시에 있어서 나의 유일한 염원은 3천만 동포와 손을 잡고 통일된 조국의 달성을 위하여 공동 분투하는 것뿐이다.

─── < 보 기 > ───
ㄱ. 좌우 합작 7원칙이 공표되었다.
ㄴ. 한국에 대한 최대 5개년간의 신탁 통치가 결정되었다.
ㄷ. 평양에서 남북 제 정당 사회단체 연석회의가 개최되었다.
ㄹ. 남조선 과도 정부와 남조선 과도 입법 의원이 수립되었다.

① ㄱ, ㄷ ② ㄱ, ㄹ
③ ㄴ, ㄷ ④ ㄴ, ㄹ

문 11. (가), (나) 주장에 대한 설명으로 옳은 것은?

> (가) 사람과 사물이 각기 타고난 이(理)를 따라서 건순오상의 덕이 되었다. 사람과 사물의 성은 본래 같지 않을 수가 없다. 기품은 다름이 없을 수가 없다. 성은 같고 기는 다르다. 물도 인의예지신의 오상을 타고났으나 기질에 치우쳐 타고난 본성을 온전히 하지 못할 뿐이다.
> (나) 만물이 생기고 나면 바르고 통한 기운을 받은 것이 사람이 되고, 편벽되고 막힌 기운을 받은 것이 물건이 된다. 물건은 편벽되고 막힌 기운을 받았기 때문에, 기질을 따라 본성 역시 편벽되고 막히게 된다. …… 사람만은 바르고 통한 기운을 받았기 때문에 마음이 가장 영묘하여 건순과 오상의 덕을 모두 갖추었다.

① (가) - 이기호발설을 계승한 사상이다.
② (가) - 북학론을 거쳐 개화사상에 영향을 주었다.
③ (나) - 사문난적으로 지목되어 탄압을 받았다.
④ (나) - 소외된 소론 집안의 가학으로 계승되었다.

문 12. 다음 현상이 나타나던 시기의 사회 모습으로 가장 옳은 것은?

> 부유한 백성은 토지 겸병(兼幷)에 힘쓰고 농사를 많이 짓는 것에 욕심을 내어 적게는 3, 4석씩, 많게는 6, 7석씩 한꺼번에 모를 부어 노동력을 줄이고 한꺼번에 모를 내어 수고를 줄입니다. 비록 어쩌다가 가뭄을 당하더라도 대부분 좋은 논을 소유하고 있어서 수확이 많습니다. 그러나 가난한 백성은 볍씨를 뿌리고 모내는 일을 맨 나중에 하므로 가뭄을 만나 흉년이 들면 입에 풀칠할 길이 없습니다.

① 자유분방한 모양의 분청사기가 유행하였다.
② 부농층이 향회에 진출하면서 향전이 발생하였다.
③ 부산포, 제포, 염포에서 일본과의 교역을 허용하였다.
④ 실제 농민의 경험을 담은 농서가 간행되기 시작하였다.

문 13. (가), (나) 시기에 있었던 사실로 옳은 것은?

	(가)	(나)	
고조선 건국		위만 집권	한 무제 침입

① (가) - 법 조항이 60여 조로 증가하였다.
② (가) - 주변의 진번·임둔 지역을 복속시켰다.
③ (나) - 강력한 왕이 등장하여 왕위 부자 세습이 시작되었다.
④ (나) - 중국과 예·진 사이에서 중계 무역의 이익을 독점하였다.

문 14. 다음 법령이 시행되던 시기의 상황으로 옳은 것은?

> 제1조 3개월 이하의 징역 또는 구류에 처하는 자는 상황에 따라 태형에 처할 수 있다.
> 제7조 태형은 30태 이하는 1회에 집행하며, 다시 30태까지 증가할 때마다 1회를 추가한다.
> 제11조 태형은 감옥 또는 즉결 관서에서 비밀리에 집행한다.
> 제13조 이 영은 조선인에게만 적용한다.

① 남자에게 국민복 착용을 강요하였다.
② 관리와 교원이 칼을 차고 업무를 보았다.
③ 검열과 정간을 통해 우리말 신문을 탄압하였다.
④ 한반도 남부에는 면화, 북부에는 양 사육을 강요하였다.

문 15. 밑줄 친 '그'에 대한 설명으로 옳은 것은?

> 인심이 이미 부패에 빠져들어 국운 또한 쇠퇴의 길로 기울어졌는데, 외척들이 정권을 잡아 행한 고로 토호가 무단(武斷)을 자행하고 법령이 땅에 떨어졌으니, 그가 철석같은 수단을 들어 힘써 교정하여 쇄신하니 치도(治道)가 맑고 깨끗하며 국가 재정이 풍족하게 된 것은 득이며 장점인 것이오, 홀로 정권을 잡아 행하고 어진 사람을 쓰지 아니하며 백성에게 부세를 함부로 거두어들이며 형벌을 남용하면서 쇄국을 스스로 장하다 여겨 대세의 흐름을 부질없이 반대하였으니 이것이 모두 단점이다.
> ─『한국통사』─

① 군국기무처의 총재관에 임명되었다.
② 단발령에 반대하여 의병을 일으켰다.
③ 비변사를 혁파하고 삼군부를 부활시켰다.
④ 갑신정변이 일어나자 일시적으로 재집권하였다.

문 16. (가), (나) 고분군에서 발견된 유물로 옳은 것은?

> (가) 백제 역사 유적 지구에는 백제의 수도 및 천도 예정 지역이 포함되어 있는데, 그중 공주시에서는 공산성과 송산리 일대의 여러 고분이 발견되었다.
> (나) 경주 역사 유적 지구는 크게 다섯 지역으로 나뉘는데, 그중 대릉원 지구에는 미추왕릉을 비롯한 4~6세기의 신라 왕과 귀족의 것으로 추정되는 고분이 있다.

① (가) - 고구려 왕의 왕호가 새겨진 청동 그릇
② (가) - 영동대장군이라는 책봉호가 새겨진 묘지석
③ (나) - 도교의 사방(四坊) 방위신을 그린 고분 벽화
④ (나) - 신선이 사는 이상 세계를 묘사한 금동 대향로

문 17. (가), (나)를 주장한 정치 세력에 대한 설명으로 옳은 것은?

> (가) 김효원은 젊은 선비로서 과거에 장원으로 급제하였으니, 그가 윤원형의 문객이었다고 해서 이조 전랑에 오르지 못하게 하는 것은 잘못이다.
> (나) 심의겸은 외척이지만 일찍이 권력을 잡은 간사한 자들을 물리치고 선비들을 보호한 데에 공로가 많을 뿐 아니라 선비이므로 그를 비판하는 것은 옳지 않다.

① (가) - 제도 개혁을 통한 부국안민을 추구하였다.
② (가) - 주로 이이와 성혼의 문인들이 가담하였다.
③ (나) - 폐모살제를 명분으로 반정을 주도하였다.
④ (나) - 임진왜란 시기에 의병 활동을 주도하였다.

문 18. 다음 상소를 받아들인 왕 대에 실시된 정책으로 옳은 것은?

> 중국의 제도는 따르지 않아서는 안 되지만, 천하의 세속 풍습은 각각 그 지역의 토성(土性)을 따르는 것이기 때문에 전부 고치기는 어렵습니다. 그 예·악·시·서의 가르침과 군신·부자의 도리는 마땅히 중국을 본받아 비루한 풍속을 고쳐야 되겠지만, 그 밖의 거마(車馬)·의복의 제도는 그 나라의 풍속대로 하여 사치와 검소를 알맞게 하되 굳이 중국과 같이 할 필요는 없습니다.

① 공신들에게 역분전을 지급하였다.
② 제위보를 설치하여 빈민을 구제하였다.
③ 지방 주요 요충지에 12목을 설치하였다.
④ 현직 관리에게만 전시과를 지급하도록 하였다.

문 19. 남북 관계에서 있었던 다음 선언을 시기 순으로 바르게 나열한 것은?

> (가) 자주, 평화, 민족 대단결의 원칙을 처음 합의하였다.
> (나) 남측의 연합제 안과 북측의 낮은 단계의 연방제 안이 공통점이 있음을 인정하였다.
> (다) 남북 간의 관계가 나라와 나라 사이의 관계가 아닌 통일 과정에서 잠정적으로 형성되는 관계임을 합의하였다.

① (가) - (나) - (다)
② (가) - (다) - (나)
③ (나) - (다) - (가)
④ (다) - (나) - (가)

문 20. 다음 정책에 따라 추진된 사실로 옳은 것은?

> 백성을 가르치지 않으면 나라를 굳건히 하기가 매우 어렵다. 세상 형편을 돌아보면 부유하고 강성하여 독립하여 응시(雄視)하는 여러 나라는 모두 그 나라 백성의 지식이 개명(開明)했다. 지식이 개명함은 교육이 잘됨으로써 말미암은 것이니, 교육은 실로 나라를 보존하는 근본이다. …… 너희들 신하와 백성은 임금에게 충성하고 나라를 사랑하는 심정으로 너의 덕성, 너의 체력, 너의 지혜를 기르라. 왕실의 안전도 너희들 신하와 백성의 교육에 달려 있고 나라의 부강도 너희들 신하와 백성의 교육에 달려 있다.

① 한성 사범학교와 소학교가 설립되었다.
② 상공학교를 설립하고 유학생을 파견하였다.
③ 원산 관민이 합심하여 원산학사를 설립하였다.
④ 육영공원에서 젊은 관리와 고관의 자제를 교육하였다.

문 11. (가), (나) 사이 시기에 있었던 사실로 옳은 것은?

> (가) 이날 밤 우정국에서 낙성연을 열었는데 총판 홍영식이 주관하였다. 연회가 끝나갈 무렵 담장 밖에 불길이 일어나는 것이 보였다. …… 왕이 경우궁으로 거처를 옮기자 각 비빈과 동궁도 황급히 따라갔다. …… 깊은 밤, 일본 공사가 군대를 이끌고 와 호위하였다.
>
> (나) 동학의 무리가 금구현을 거쳐 전주 삼천에 주둔하였다가 이날 전주부에 돌입하였다. 전주감사 김문현 등은 동학의 무리가 갑자기 뛰어듦을 보고 군졸을 급히 동원하여 전주부민과 더불어 사문(四門)을 파수하였으나 동학의 무리가 별안간 사방을 포위하고 기세가 심히 맹렬하매 성을 지키는 군졸 등이 놀라 흩어져 버렸다.

① 별기군이 창설되었다.
② 건양 연호가 사용되었다.
③ 영국군이 거문도를 불법 점령하였다.
④ 청 상인이 양화진에 진출하게 되었다.

문 12. 다음과 같은 교육령이 발표된 때와 가까운 시기에 이루어진 일제의 정책은?

> 제2조 국어를 상용(常用)하는 자의 보통교육은 소학교령 · 중학교령 및 고등여학교령에 따른다.
> 제3조 국어를 상용(常用)하지 않는 자에게 보통교육을 행하는 학교는 보통학교 · 고등보통학교 및 여자고등보통학교로 한다.
> 제4조 일본인 학교에서는 조선어를 가르칠 수 있다. 조선인 학교에서는 조선어를 필수로 한다.
> 제5조 보통학교의 수업 연한은 6년을 본체로 하되, 5년 또는 4년으로 단축할 수 있도록 한다.

① 조선 · 일본 간 무역에서 관세를 철폐하였다.
② 신고제에 의한 토지 조사 사업을 실시하였다.
③ 한국인의 전시 동원을 위해 국가 총동원령을 시행하였다.
④ 남부 지방에는 면화 재배, 북부 지방에는 양 사육을 강요하였다.

문 13. 밑줄 친 '왕'의 재위 시기에 있었던 사실로 옳은 것은?

> 왕 11년 가을, 백제 왕이 군사를 크게 일으켜 서쪽 지방 40여 성을 공격하여 빼앗았고, 8월에 다시 고구려와 공모하여 당항성을 빼앗아 당나라로 가는 길을 막고자 하였다. 왕이 사신을 당나라로 보내 태종에게 급한 사정을 통보하였다. 이달에 백제 장군 윤충이 군사를 거느리고 대야성을 공격하여 점령하였다.

① 이사부를 보내 대가야를 합병하였다.
② 자장의 건의로 황룡사 9층탑을 건립하였다.
③ 안승을 금마저에 안치시키고 보덕국왕에 봉하였다.
④ 품주를 집사부로 개편하여 국가 기밀을 담당하게 하였다.

문 14. 다음은 대한민국 임시 정부의 주요 활동을 정리한 표이다. (가)~(라)에 들어갈 내용으로 옳지 않은 것은?

시기(년)	활동 내용
1919	(가)
1919~1921	독립신문을 간행하고 『한 · 일 관계 사료집』을 편찬하였다.
1921~1925	(나)
1925~1940	(다)
1940~1945	(라)

① (가) - 임시 의정원에서 임시 헌장을 발표하였다.
② (나) - 연통제가 해체되어 재정이 악화되었다.
③ (다) - 창조파와 개조파가 대립하였다.
④ (라) - 주석 · 부주석 중심 지도 체제로 개편하였다.

문 15. (가) 세력과 관련된 설명으로 옳은 것은?

> 소손녕이 말하였다. "그대 나라는 신라 땅에서 일어났고, 고구려 땅은 우리의 소유인데 그대들이 침범했다." 서희가 말하기를 "그렇지 않다. 우리나라는 바로 고구려의 후계자이다. 그러므로 나라 이름을 고려라고 부르고 평양을 국도로 정하였다. 그리고 경계를 가지고 말하면 귀국의 동경도 우리 국토 안에 들어와야 하는데 당신이 어떻게 침범했다는 말을 할 수 있겠는가? 또 압록강 안팎 역시 우리 경내인데 이제 (가) 이/가 그 중간을 강점하고 있으면서 완악한 행위와 간사스러운 태도로 교통을 차단했으므로 바다를 건너기보다도 왕래하기 곤란한 형편이니 국교가 통하지 못함은 (가) 의 탓이다. ……"라고 하였다.

① 윤관이 별무반을 이끌고 정벌하였다.
② 이성계가 황산 대첩에서 격파하였다.
③ 침입을 극복하기 위해 대장경을 판각하였다.
④ 항쟁 과정에서 왕이 복주(안동)로 피난하기도 하였다.

문 16. 다음 자료가 작성된 시기에 볼 수 있었던 모습으로 가장 옳지 않은 것은?

> 조정에서 은이 나는 곳에 은점을 설치하도록 허가만 내주면 돈 많은 장사꾼은 각자 재물을 내어 일꾼을 모집할 것입니다. 땅이 없이 농사 짓지 못하는 백성들은 점민이 되기를 원하게 될 것입니다. 그곳에 모여 살며 은을 캐어 호조와 각 영, 고을에 세를 바치고, 남는 대로 물주에게 돌릴 것입니다. 땅 없는 백성들도 그것에 의지해서 살아나갈 수 있으니 공사 간에 유익한 일입니다.
> - 『경제야언』 -

① 책문후시에서 인삼을 교역하는 덕대
② 포구에서 상품을 위탁 판매하는 객주
③ 모시, 담배 등을 재배하여 판매하는 농민
④ 상인에게 원료를 미리 받아 물품을 생산하는 수공업자

문 17. (가)에 대한 설명으로 옳은 것은?

> 이제부터는 우리 고을의 모든 선비들이 하늘이 부여한 본성을 근본으로 하고 국가의 가르침을 따라서 집에 있어서나 고을에 있어서나 각기 사람의 도리를 다하면, 곧 이것은 나라의 좋은 선비[吉士]가 되어서 혹은 궁하거나 달하거나 서로 힘입을 것이니, 오직 반드시 특별한 조목을 세워서 권할 것이 아닐 뿐 아니라, 역시 형벌로 쓸 바가 없을 것이다. 만약 이같이 함을 알지 못하고 예의(禮義)를 침범하여 우리 고을의 풍속을 허물면, 이는 바로 하늘이 버린 백성이니 아무리 형벌을 살지 않고자 하나 그렇게 되겠는가. 이 점이 오늘날 (가) 을/를 세우지 않을 수 없는 이유이다.

① 중앙과 지방의 연락을 담당하였다.
② 수령을 보좌하고 향리를 감찰하였다.
③ 선현에 대한 제사와 후진 양성을 담당하였다.
④ 미풍양속을 계승하고 유교 윤리를 가미하였다.

문 18. 다음 작품이 발표되었던 해에 볼 수 있는 모습으로 가장 적절한 것은?

> 조선 총독부 건물 낙성식이 진행되던 날, 종로 단성사에서는 한 영화가 개봉되었다. 영화 전단지에 불온한 내용이 있다 하여 몽땅 압수되기도 했던 이 영화는 감독이 자신의 고향인 회령에서 청진까지 철도를 부설하던 노동자들이 부르던 애달픈 민요 가락을 듣고 줄거리를 착상했다고 전해진다.

① 신사 참배를 강요하는 국민학교 교사
② 토지 조사령에 따라 소유권을 신고하는 농민
③ 신흥 무관 학교에서 군사 훈련을 받는 청년
④ 민족주의자와의 제휴 가능성을 선포하는 정우회 회원

문 19. 우리나라의 유네스코 세계 유산에 대한 설명으로 옳은 것을 모두 고르면?

> ㄱ. 『상정고금예문』은 현존하는 가장 오래된 금속활자 인쇄물이다.
> ㄴ. 『조선왕조실록』은 태조에서 철종 때까지의 역사를 편년체로 기록한 역사서이다.
> ㄷ. 수원 화성은 축성 과정을 담은 『의궤』에 따라 복원되어 완전성을 인정받았다.
> ㄹ. 백제 역사 유적 지구의 부여 지구에는 우리나라에서 가장 오래된 석탑이 있다.

① ㄱ, ㄷ   ② ㄱ, ㄹ
③ ㄴ, ㄷ   ④ ㄴ, ㄹ

문 20. 다음 포고령이 효력을 유지하던 시기에 일어난 사실로 옳지 않은 것은?

> 태평양 방면 미 육군 부대 총사령관인 나에게 부여된 권한에 의하여 나는 이에 북위 38도 이남의 조선과 조선 주민에 대하여 군사적 관리를 하고자 다음과 같은 점령 조건을 발표한다.
> 제1조 북위 38도 이남의 조선 영토와 조선 인민에 대한 통치의 모든 권한은 당분간 본관의 권한하에서 시행한다.

① 미·소 공동 위원회가 두 차례 개최되었다.
② 쌀값이 급등하자 미곡 수집제를 시행하였다.
③ 신한 공사를 설립하여 귀속 재산을 민간에 불하하였다.
④ 삼균주의를 바탕으로 하는 대한민국 건국 강령이 발표되었다.

문 11. 다음 법령이 시행되던 시기에 있었던 사실로 옳은 것은?

> 제1조 국가 총동원이란 전시에 국방 목적을 달성하기 위하여 국가의 전력을 가장 유효하게 발휘하도록 인적 및 물적 자원을 운영하는 것이다.
> 제4조 정부는 전시에 국가 총동원상 필요한 때에는 칙령이 정하는 바에 따라 제국 신민을 징용하여 총동원 업무에 종사할 수 있게 한다.

① 농촌 진흥 운동이 시작되었다.
② 동아일보와 조선일보가 창간되었다.
③ 명목상 자치 기구인 부·면 협의회가 설치되었다.
④ 애국반을 조직하여 인력과 물자 동원에 활용하였다.

문 12. (가)~(라) 교육 제도에 대한 설명으로 옳은 것은?

> (가) 초급 학교의 명칭을 국민학교로 정하였다.
> (나) 초급 학교의 의무 교육을 헌법으로 규정하였다.
> (다) 고교 평준화 정책 실시로 중등 교육 인구가 증가하였다.
> (라) 본고사를 폐지하고 대학 졸업 정원제를 실시하였다.

① (가) – 광복 후 미군정기에 제정되었다.
② (나) – 장면 정부에서 추진하였으나 5·16 군사 정변으로 무산되었다.
③ (다) – 고교 입시 과열을 막기 위해 박정희 정부에서 시행하였다.
④ (라) – 대학 수학 능력 시험을 도입하면서 나타난 변화이다.

문 13. (가), (나)를 주장한 인물에 대한 설명으로 옳은 것은?

> (가) 반드시 먼 지방의 물자가 통한 다음이라야 재물을 늘이고 백 가지 기구를 생산할 수 있다. 무릇 수레 백 대에 싣는 양이 배 한 척에 싣는 것에 미치지 못하여 육로로 천 리를 가는 것이 뱃길로 만 리를 가는 것보다 편리하지 못하다.
> (나) 대략 농가 30여 호를 1여(閭)로 하고, 1여마다 여장을 두며 무릇 1여의 인민이 여장의 지휘하에 공동 경작하도록 한다. …… 여장은 매일 여민 개개인의 노동량을 장부에 기록하여 두었다가 가을에 수확물을 거두어 국가에 바치는 세금과 여장의 봉급을 제한 나머지를 가지고 노동 일수에 따라 분배한다.

① (가)는 규장각 검서관에 등용되었다.
② (나)는 지전설을 통해 전통적 화이관을 비판하였다.
③ (가)는 『과농소초』, (나)는 『반계수록』을 저술하였다.
④ (가)는 중농학파, (나)는 중상학파 실학자에 해당한다.

문 14. 밑줄 친 '이 조약'의 체결 결과로 옳지 않은 것은?

> 이 조약은 비단 우리 한국뿐만 아니라 동양 삼국이 분열을 빚어낼 조짐인즉, 그렇다면 이등후작의 본뜻이 어디에 있었던가? 그것은 그렇다 하더라도 우리 대황제 폐하의 성의(聖意)가 강경하여 거절하기를 마다하지 않았으니 조약이 성립되지 않은 것인 줄 이등후작 스스로도 잘 알았을 것이다.

① 통감부가 설치되어 내정 간섭이 강화되었다.
② 고종이 만국 평화 회의에 특사를 파견하였다.
③ 평민 출신의 신돌석이 의병 활동을 전개하였다.
④ 외국인이 재정과 외교 분야에 고문으로 취임하였다.

문 15. 밑줄 친 '이 직책'에 대한 설명으로 옳지 않은 것은?

> 임금께서 내전으로 불러 만나보고 묻기를 "이제 이 직책을 맡았으니 무엇을 먼저 하겠는가?" 하니 …… 변징원이 대답하기를, "농상(農桑, 농사와 양잠)을 성(盛)하게 하는 일, 학교를 일으키는 일, 소송을 간략하게 하는 일, 간활(奸猾, 간사하고 교활함)을 없애는 일, 군정(軍政)을 닦는 일, 호구를 늘리는 일, 부역을 고르게 하는 일곱 가지 일을 마땅히 먼저 할 것입니다."라고 하였다.

① 정조 대부터 향약을 직접 주관하였다.
② 지방의 행정·사법·군사권을 가지고 있었다.
③ 종6품 이상의 품계가 있어야 임명될 수 있었다.
④ 서울에 거주하면서 출신 지역의 유향소를 통제하였다.

문 16. (가), (나)에 대한 설명으로 옳은 것은?

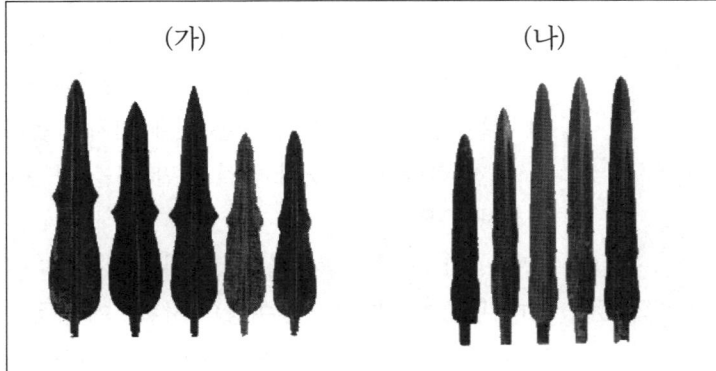

(가)   (나)

① (가) - 가락바퀴와 함께 사용되었다.
② (가) - 사용자들은 주로 강가나 바닷가에서 살았다.
③ (나) - 출토 범위가 고조선의 영역과 관련이 깊다.
④ (나) - 명도전, 반량전 등과 함께 출토되기도 한다.

문 17. 정치 상황이 다음과 같던 시기의 사실로 옳은 것은?

> 충헌은 임금을 폐하고 세우는 것을 자기 마음대로 하였으며 항상 조정 안에 있으면서 자기 부하들과 함께 가만히 정안(政案)을 가지고 벼슬을 내릴 후보자로 자기 당파에 속하는 자를 추천하는 글을 작성하고, 승선이라는 벼슬아치에게 주어 임금께 아뢰게 하면 임금이 어쩔 수 없이 그대로 좇았다. 그리하여 충헌의 아들 이(후에 우), 손자 항, 항의 아들 의의 4대가 정권을 잡아 그런 관행이 일반화되었다. …… 그들이 모이는 곳을 정방이라 한다. 이것은 조정 안에서 사사로이 부르는 칭호이다.

①『정감록』등의 예언서가 급속히 확산되었다.
② 옛 삼국의 부흥을 표방하는 반란이 일어났다.
③ 집권 세력이 급격히 교체되는 환국이 일어났다.
④ 정치 기강이 해이해져 삼정의 문란이 극심하였다.

문 18. 밑줄 친 '그'에 대한 설명으로 옳은 것은?

> 그는 당나라에 유학하여 지엄의 문하에서 수학하고 돌아왔다. 모든 우주 만물이 대립적인 존재가 아니라 서로 조화하고 포용하는 관계를 가졌다고 주장하면서 '일즉다 다즉일(一卽多 多卽一)'이라는 논리를 폈다. 또한 왕이 도성에 토목 공사를 벌이려 하자 그 중지를 건의하는 등 왕의 정치적 자문도 맡았다.

① 부석사를 창건하고 해동 화엄종을 형성하였다.
② 무애가를 지어 부르며 불교 대중화에 기여하였다.
③ 대국통이 되어 출가자의 규범과 계율을 주관하였다.
④ 송과 요의 불경 주석서를 모아 교장을 편찬하였다.

문 19. (가), (나) 사이 시기에 있었던 사실로 옳은 것은?

> (가) 『기효신서』의 편제에 따라 포수, 사수, 살수를 모아 훈련도감을 설치하였다.
> (나) 평안도 병마사 이괄이 난을 일으켜 한양을 점령하고, 왕이 공주로 피난하였다.

① 조·명 연합군이 평양성을 탈환하였다.
② 청이 조선에 군신 관계를 요구하였다.
③ 명의 요청에 따라 강홍립이 출병하였다.
④ 이완 등을 등용하여 북벌을 추진하였다.

문 20. 밑줄 친 '왕'의 재위 시기에 있었던 사실로 옳은 것은?

> 세간을 떠나 초연한 사람을 얻어 인순하는 폐단을 개혁하고자 생각한 지가 오래되었는데, 신돈을 보고는 이 사람이 불도를 깨닫고 욕심이 적으며 미천한 출신에서 나왔고, 게다가 친근한 당이 없으니 큰일을 맡긴다면 반드시 곧장 실행하고 뒤돌아봄이 없을 것이라 생각하여, 신돈을 승려에서 발탁하여 국정을 맡기고 의심하지 않은 것이다. 왕이 신돈에게 중의 행실을 버리고 벼슬하여 세상일을 구제하기를 청하였다.

① 쌍성총관부를 수복하였다.
② 사림원을 설치해 개혁을 추진하였다.
③ 섬학전을 설치해 양현고를 보충하였다.
④ 조준 등의 건의로 과전법을 실시하였다.

응시자 안내사항

1. **정답공개**
    - 일시 : 시험 당일(토) 14:00 정답가안 공개
      시험일 2주 후(금) 18시 최종정답 공개
    - 방법 : 사이버국가고시센터(https://www.gosi.kr)
      ⇒ 시험문제/정답 → 문제/정답안내

2. **이의제기**
    - 기간 : 시험 당일(토) 18시 ~ 다음 첫 화요일 18시
    - 방법 : 사이버국가고시센터(https://www.gosi.kr)
      ⇒ 시험문제/정답 → 정답이의제기
    - 구체적인 이의제기 방법은 정답가안 공개 시 공지됨

3. **가산점 등록방법**
    사이버국가고시센터(https://www.gosi.kr) ⇒ 원서접수 → 가산점등록

2025 전한길 한국사

실전형
봉투 모의고사

정답 및 해설

제1회 실전형 봉투 모의고사

01	02	03	04	05	06	07	08	09	10
②	①	④	①	②	①	①	③	③	②
11	12	13	14	15	16	17	18	19	20
④	③	①	④	④	④	②	①	③	①

01 방납의 폐단과 대동법 정답 ②

자료분석 제시된 자료는 방납의 폐단을 지적한 『선조실록』의 기록이다. 공물은 지역 특산물을 현물로 납부하게 한 제도인데, 지역 특산물의 변화나 운송의 어려움 등으로 인해 경저리와 관리 등이 공물을 대신 납부하고 주민들에게 대납가를 받는 방납이 성행하였다. 이 과정에서 대납가를 과도하게 징수하는 방납의 폐단이 일어나 큰 사회적 문제가 되자, 이를 바로잡기 위해 광해군 때부터 대동법이 시행되었다.

정답분석 ㄱ. 공납의 부과 기준은 가호 단위였으나, 대동법에서는 토지 1결당 12두의 대동미를 거두도록 하였다.
ㄷ. 대동법 시행으로 공납을 현물 대신 쌀로 거두게 되면서, 정부로부터 돈을 받아 관청에서 필요한 물품을 구매해 납품하는 공인이 등장하였다.

선택지분석 ㄴ. 공법(연분 9등법)에서는 풍흉의 판정이 복잡하고 지방관의 자의적인 판정이 개입될 수 있었다. 이에 인조 때 풍흉에 관계없이 1결당 4~6두를 징수하는 영정법을 시행하였다.
ㄹ. 균역법 시행으로 부족해진 재정을 보충하기 위해 일부 부유한 상민에게 선무군관이라는 칭호를 주고 군포를 거두었다.

02 제2차 갑오개혁 정답 ①

자료분석 제시된 자료의 (가)는 홍범 14조이다. 청·일 전쟁에서 승기를 잡은 일본은 박영효를 내부대신에 앉히고 군국기무처를 폐지하여 내정 간섭을 본격화하였다. 그리고 고종으로 하여금 종묘에 나가 독립 서고문을 낭독하고 홍범 14조를 반포하게 하였다. 홍범 14조는 청으로부터의 독립과 왕실의 정치 개입을 배제하는 내용 등 제2차 갑오개혁의 방향을 담고 있다.

정답분석 ① 제2차 갑오개혁 때 재판소를 설치하고 사법권을 독립시킴으로써 지방관의 권한을 축소시켰다.

선택지분석 ② 제1차 갑오개혁에서 신분제 혁파, 과부 재가 허용 등 봉건적 폐습이 대부분 철폐되었다.
③ 우체사 설치는 을미개혁 때 시행되었다.
④ 양전 사업과 지계 발급은 대한 제국 수립 후 추진한 광무개혁의 일환이었다.

03 부여와 삼한 정답 ④

자료분석 (가)는 부여의 순장 풍습, (나)는 삼한의 계절제에 대한 사료이다.

정답분석 ④ 삼한에는 정치적 군장과 별도로 제천 행사를 담당하는 천군이 있었다. 천군은 소도라는 특별 구역을 다스렸는데, 이곳에는 군장의 세력이 미치지 못하여 범죄자가 이곳으로 도망하더라도 함부로 잡아가지 못하였다. 이는 삼한의 제정 분리 모습을 보여 준다.

선택지분석 ① 동맹은 고구려의 제천 행사이다. 부여에서는 사냥철이 시작되는 12월에 영고라는 제천 행사를 치렀다.
② 옥저에 대한 설명이다. 옥저는 동해안 쪽으로 치우친 탓에 선진 문물의 수용이 늦어 큰 정치 세력(연맹 왕국)을 이루지 못하였으며, 고구려의 지배를 받으며 소금·어물·미녀 등을 공물로 납부하였다.
③ 동예의 책화에 대한 설명이다.

04 조선 전기의 문화 정답 ①

정답분석 ㄱ. 『해동제국기』는 세종 때 일본에 다녀온 신숙주가 성종 때 일본의 지세와 풍속, 국정 등 직접 관찰한 일본 관련 정보를 저술한 책이다.
ㄷ. 『세종실록지리지』는 단종 때 완성된 것으로, 국가 통치에 필요한 여러 자료를 상세히 다루었다. 여기에는 울릉도(무릉도)와 독도(우산도)가 강원도 울진현에 속해 있는 두 섬으로 기록되어 있다.

선택지분석 ㄴ. 세조 때 양성지가 제작한 최초의 실측 지도는 동국지도이다. 조선방역지도는 16세기에 제작된 지도로, 현재 원본이 국내에 남아 있는 지도로는 가장 오래된 것이다.
ㄹ. 지리적·인문적 조건을 따져 가거지를 기록한 지리지는 조선 후기 영조 때 이중환이 저술한 『택리지』이다. 『동국여지승람』은 성종 때 각 도의 지리·풍속 등을 기록하여 편찬한 인문 지리서이다.

05 영조와 정조의 정책 정답 ②

자료분석 (가)는 영조, (나)는 정조에 대한 설명이다. 영조는 소론과 남인의 일부가 영조의 정통성을 부정하고 일으킨 이인좌의 난을 진압하였다. 또한, 붕당의 뿌리를 제거하기 위하여 공론의 주재자로서 인식되던 산림의 존재를 인정하지 않았고, 그들의 본거지라고 할 수 있는 서원을 대폭 정리하였다. 정조는 신진 인물이나 중·하급 관리 가운데 능력 있는 자들을 재교육시키는 초계문신제를 시행하였는데, 이를 통해 자신의 세력 기반을 강화하였다.

정답분석 ② 영조는 『경국대전』 이래 변화된 사회상을 반영하여 『속대전』을 편찬하였다.

선택지분석 ① 정조는 장용영을 설치하여 왕권 강화의 기반으로 삼았다.
③ 광해군 때 기유약조를 체결하여 일본과의 제한적 무역을 허용하였다.
④ 숙종 때 청과 북방 경계선 문제를 확정 짓고 백두산 정계비를 세웠다.

06 임오군란 정답 ①

자료분석 제시된 자료는 임오군란(1882)과 관련된 내용이다. 개항 이후 정부는 기존의 5군영을 무위영과 장어영으로 축소·개편하고, 신식 군대인 별기군을 창설하였다. 정부가 신식 군대인 별기군을 우대하고 구식 군대를 차별하자 이에 대한 불만으로 임오군란이 일어났다. 군란의 진행 과정에서 흥선 대원군이 일시적으로 재집권하였으며, 명성황후는 충주로 피신하여 숨어 지냈으며, 한때 죽었다고 알려지기도 하였다.

정답분석 ① 임오군란 이후 조선과 일본 간에 체결된 제물포 조약에 일본 공사관 경비를 명목으로 일본군이 조선에 주둔할 것이 규정되어 있다.

선택지분석 ② 1894년 동학 농민 운동 당시 민씨 정부의 요청으로 청군이 국내에 상륙하자, 일본은 텐진 조약을 구실로 조선에 파병하였다. 전주 화약 이후 조선 정부가 청·일 양군의 철수를 요구하였으나 일본은 경복궁을 점령하고 청·일 전쟁을 일으켰다.

③ 청·일 전쟁 이후 러시아가 삼국 간섭으로 일본의 세력 확장을 저지하였다. 이에 민씨 정부가 친러적 경향을 보이자 일본이 영향력 회복을 위해 을미사변을 일으켰다(1895). 신변의 위협을 느낀 고종은 1896년에 러시아 공사관으로 거처를 옮겼다(아관파천).
④ 김옥균 등 급진 개화파는 일본의 지원을 약속받고 갑신정변을 일으켜 개혁 정부를 수립하였으나 3일 만에 실패하였다. 이로 인해 개화 세력이 도태되고 개화에 대한 인식이 악화되어 개화의 흐름이 한동안 단절되었다.

07 4·19 혁명   정답 ①

자료분석 아시아에서 최초로 독재 정부를 무너뜨리는 데 성공한 '이 사건'은 4·19 혁명(1960)이다.
정답분석 ① 4·19 혁명의 결과 이승만이 하야하고 내각 책임제와 양원제를 골자로 하는 헌법(3차 개헌)이 만들어졌으며, 장면 내각이 들어서게 되었다.
선택지분석 ② 긴급 조치가 내려진 시기는 박정희 정부의 유신 체제 때이다.
③ 전두환 정부 말기에 있었던 6월 민주 항쟁(1987)에 대한 설명이다.
④ 유신 체제 몰락의 계기가 된 부·마 민주 항쟁(1979)에 대한 설명이다.

08 1940년대 독립운동   정답 ③

자료분석 자료의 밑줄 친 '본군'은 한국광복군이다. 1940년에 창설된 한국광복군은 초기에는 한국광복군 행동 준승에 의해 중국군의 지휘를 받았으나, 후에는 임시 정부로 통수권이 넘어 왔다. 지청천 장군이 총사령관으로 있었으며, 일본·독일 등 추축국에 선전 포고한 후 인도·버마 전선에 파견되어 연합군의 일원으로 활동하기도 하였다.
정답분석 ③ 여운형 등은 1944년에 일제의 패망을 확신하고 국내 비밀 결사 단체인 조선 건국 동맹을 조직하였다.
선택지분석 ① 원산 노동자 총파업은 1929년에 발생하였다.
② 신간회는 1929년에 발생한 광주 학생 항일 운동을 지원하면서 국민 대회를 개최하려 하였으나 일제의 탄압으로 주요 인사들이 대거 구속되었다.
④ 1936년 베를린 올림픽에서 손기정 선수가 마라톤에서 우승하자, 동아일보와 조선중앙일보 등은 손기정 선수 가슴의 일장기를 지우고 보도하였다. 이에 조선 총독부는 두 신문의 관계자 수십 명을 체포하고 신문을 정간시켰다.

09 독립 협회 활동 시기의 모습   정답 ③

자료분석 제시된 자료는 독립 협회가 종로에서 개최한 관민 공동회(1898)에서 백정 박성춘이 한 연설 내용이다. 독립 협회는 1896년에 결성되어 자유 민권, 자주 국권 운동 등 계몽 운동을 전개하였으며, 1898년에 중추원을 근대식 의회로 개편하려는 운동을 펼치다가 강제 해산되었다.
정답분석 ③ 독립 협회는 이권 수호 운동의 일환으로 러시아의 절영도 조차 요구를 철회시켰다.
선택지분석 ① 화폐 정리 사업은 1905년에 시행되었다.
② 일제는 1907년 헤이그 특사 사건을 빌미로 고종을 강제 퇴위시키고, 순종과 정미 7조약을 맺었으며 그 부속 조약으로 대한 제국 군대를 해산시켰다.
④ 1907년에 전개된 국채 보상 운동 때 여성들은 패물 폐지 부인회를 결성하고 비녀와 가락지 등을 헌납하였다.

10 삼국의 발전과 항쟁   정답 ②

자료분석 (가)는 백제의 전성기인 4세기 근초고왕 때 평양성을 공격해 고구려의 고국원왕이 사망한 평양성 전투이다(371). (나)는 고구려의 전성기인 5세기 장수왕 때(475)의 사실이다.
정답분석 ㄱ. 고국원왕에 이어 즉위한 소수림왕 때 중국의 전진을 통해 불교를 수용하였다(372).
ㄹ. 고구려 장수왕이 평양으로 천도하고 본격적으로 남진 정책을 추진하자, 백제 개로왕은 472년에 북위에 국서를 보내 고구려에 대한 공격을 요청하였다. 그러나 북위에서는 호응하지 않았고, 오히려 고구려의 경계를 사게 되어, 이후 고구려 장수왕의 공격으로 한성이 함락되고 개로왕도 살해되었다(475).
선택지분석 ㄴ. 고구려 장수왕이 평양으로 천도하고 남진 정책을 강화하자 신라 눌지왕과 백제 비유왕은 나·제 동맹을 체결(433)하였다. 이후 웅진 시기에 백제 동성왕은 신라 왕족을 배우자로 받아들여 나·제 결혼 동맹을 체결함으로써 동맹을 한층 강화하였다(493). (나) 이후의 사실이다.
ㄷ. 신라 승려 원광은 진평왕의 명을 받아 수나라에 원정군을 청하는 걸사표를 작성하였다(608). 이후 진평왕은 걸사표를 수에 보내 군사를 요청하였으며(611), 수양제가 고구려에 침입하였다(612). (나) 이후의 사실이다.

11 국가 총동원법 시행 시기   정답 ④

자료분석 제시된 자료는 국가 총동원법으로, 일제가 중·일 전쟁(1937) 이후 전쟁 물자를 효과적으로 동원하기 위해 1938년에 공포한 법이다. 이 시기에 일제는 내선일체와 일선동조론 등을 내세우며 민족 말살 정책을 추진하였다. 또한, 일제는 전쟁 중이라는 특수 상황을 내세워 우리 국민들을 전쟁터로 끌고 가거나 미곡과 금속 공출제를 실시하여 쌀과 무기 제작에 필요한 금속을 빼앗아 갔다.
정답분석 ④ 일제는 국가 총동원법을 공포한 뒤 인적·물적 수탈의 편의를 위해 국민 정신 총동원 운동을 전개하였다. 이에 따라 일제는 국민 정신 총동원 조선 연맹을 조직하고 하부 조직으로 13도 조직을 비롯해 10호 단위의 애국반을 결성해 신사 참배와 애국 저금, 국방 헌금 및 노동력 동원에 이용하였다.
선택지분석 ① 1920년대 이후 사회주의가 유입되면서 농민 조합 결성과 소작 쟁의 등 농촌 운동이 활성화되자, 일제는 1932년부터 농촌 진흥 운동을 전개하여 이를 무마하려 하였다.
② 일제는 3·1 운동 이후 이른바 문화 통치를 내세우면서 1920년에 조선일보·동아일보 등 한글 신문 간행을 허용하였다. 중·일 전쟁 이후 민족 말살 정책을 강화하면서 1940년에는 한글 신문을 모두 폐간시켰다.
③ 1920년대에 일제는 민족 분열 통치의 일환으로 명목상 지방 자치의 형식을 띤 부·면 협의회, 도 평의회 등을 설립하였다. 그러나 의원의 피선거권에 국세 5원 이상 납부자라는 제한을 달아 실제 선거권이 주어진 것은 일본인과 일부 친일파에 국한되었으며, 그나마도 자치의 권한은 주어지지 않았다.

12 교육 제도의 변천   정답 ③

정답분석 ③ 박정희 정부 시기에 초등학생과 중학생의 지나친 입시 경쟁과 과외를 막기 위해 중학교 무시험제를 도입하였으며, 이어 고등학교 평준화 정책을 실시하였다(1974).
선택지분석 ① 일제는 1941년에 국민학교령을 반포하여 초급 학교 명칭을 황국 신민 학교라는 뜻의 국민학교로 바꾸었다. 1996년에 현재의 명칭인 초등학교로 바뀌었다.

② 초급 교육 기관(국민학교) 의무 교육은 제헌 헌법에 규정되었으며, 1950년 6월 1일부터 시행되었으나 6·25 전쟁의 발발로 일시 중단되기도 하였다.
④ 본고사 폐지와 대학 졸업 정원제는 1980년에 전두환 신군부가 발표한 교육 개혁 정책의 일환이다. 대학 수학 능력 시험은 김영삼 정부 때 도입되었다.

13 박제가와 정약용의 사상   정답 ①

자료분석 (가)는 박제가의 『북학의』 중 일부로 수레와 선박을 통해 물자 유통을 활성화시켜야 한다는 주장이다. (나)는 정약용의 여전론으로, 여전론은 마을 단위로 공동으로 경작하여 노동량에 따라 분배하자는 일종의 공동 농장 제도이다.
정답분석 ① 박제가는 서얼 출신으로 정조 때 유득공, 이덕무, 서이수 등과 함께 규장각 검서관에 등용되었다.
선택지분석 ② 홍대용은 지전설과 무한우주론을 주장하였다. 이를 통해 지구에 일정한 중심이 없다고 보아 전통적 중화사상을 탈피하는 데 기여하였다.
③ 『과농소초』는 박지원의 저술로, 영농 기술의 혁신과 상업적 농업 장려 등을 담고 있다. 『반계수록』은 유형원의 저술이다.
④ 박제가는 중상학파, 정약용은 중농학파에 해당한다. 다만 정약용은 기술의 중요성도 지적하는 등 다방면에 걸쳐 실학을 집대성하였다.

14 을사늑약   정답 ④

자료분석 제시문은 장지연이 황성신문에 게재한 '시일야방성대곡'의 일부 내용으로, 밑줄 친 '이 조약'은 을사늑약을 가리킨다.
정답분석 ④ 1904년 8월에 체결된 제1차 한·일 협약(한·일 외국인 고문 용빙에 관한 협정서)에 대한 내용이다. 일본인과 외국인 각 한 명을 재정 및 외교 고문으로 초빙한다는 협약 내용에 따라 재정 분야에서는 일본인 메가타, 외교 분야에서는 친일 미국인 스티븐스가 고문으로 임명되었다.
선택지분석 ① 을사늑약에서 통감을 두어 외교에 관한 사무를 관장하고 황제를 친히 면담할 권리를 보장하였으며, 개항장 및 필요한 지역에 이사청을 설치할 수 있도록 하였다. 초대 통감은 이토 히로부미이다.
② 고종은 을사늑약의 부당함을 알리려 만국 평화 회의에 이준, 이상설, 이위종을 파견하였으나 열강의 무관심으로 성과를 거두지는 못하였다.
③ 을사의병 때 신돌석을 비롯한 평민 의병장이 활동하였다.

15 조선 시대 지방관   정답 ④

자료분석 자료는 『성종실록』의 내용으로, 성종이 지방관으로 임명된 관리가 임지로 출발하기 전에 지방관으로서 어떻게 업무를 수행할 것인지를 묻는 장면이다. 이에 지방관이 농상성, 학교흥, 사송간, 간활식, 군정수, 호구증, 부역균 등 수령 7사를 대답하고 있다. 즉, 밑줄 친 '이 직책'은 지방관(수령)이다.
정답분석 ④ 조선 시대에는 서울에 경재소를 설치하고 지방 출신의 중앙 고관을 책임자로 하여 출신 지역을 통제하도록 하였다. 경재소는 재지 사족 중심으로 구성된 유향소와 정부 사이의 연락 관계를 긴밀하게 하여 중앙에서 지방을 통제할 수 있도록 하였다.
선택지분석 ① 정조 때 수령이 향약을 주관하게 하면서 관권이 더욱 강화되었다.
② 조선 시대에는 전국의 주민을 국가가 직접 지배하기 위하여 모든 군현에 왕의 대리인으로 수령을 파견하였는데, 수령은 지방의 행정·사법·군사권을 행사하였다.
③ 지방관은 고을의 크기에 따라 종2품 부윤부터 종6품 현감까지 있었으며, 수령이 될 수 있는 종6품 이상을 참상관이라고 하였다. 수령은 모두 관찰사의 지휘를 받았으며, 수령끼리는 품계의 차이에도 불구하고 수평적 관계로 서로 간섭할 수 없었다.

16 비파형 동검과 세형 동검   정답 ④

자료분석 (가)는 청동기 시대에 사용된 비파형 동검이며, (나)는 초기 철기 시대에 등장한 세형 동검이다.
정답분석 ④ 세형 동검은 초기 철기 시대에 제작되었으며, 실제 무기보다는 주로 의례용으로 사용되었다. 초기 철기 시대에는 중국과 교류가 활발하였으며, 이에 따라 초기 철기 시대의 유적지에서 세형 동검과 함께 명도전·반량전·오수전 등 중국 화폐들이 출토되기도 한다.
선택지분석 ① 가락바퀴는 신석기 시대에 실을 자아내는 데 사용된 도구이다.
② 신석기 시대 사람들은 주로 물과 식량을 구하기 쉬운 강가나 바닷가에 살았다. 청동기 시대에는 금속 무기를 사용하면서 전쟁이 빈번해져, 주로 방어에 유리한 구릉 지대에 취락을 짓고 살았다.
③ 비파형 동검은 미송리식 토기, 거친무늬 거울, 탁자식 고인돌과 함께 고조선의 세력 범위를 알려 주는 유물이다.

17 최씨 무신 정권   정답 ②

자료분석 자료는 최충헌을 비롯하여 최우, 최항, 최의 등 4대에 걸쳐 유지된 최씨 무신 정권에 대한 내용이다. 최충헌은 1196년 이의민을 제거하고 권력을 장악하였으며, 1258년 김준이 최의를 제거하면서 최씨 무신 정권은 막을 내렸다.
정답분석 ② 1202년 경주에서 일어난 이비·패좌의 난은 신라 부흥을 표방하였고, 1217년 서경에서 최광수가 고구려 부흥 운동을, 1237년 담양에서 이연년 형제가 백제 부흥 운동을 전개하였다.
선택지분석 ① 『정감록』은 조선 중기 이후에 유포된 예언서로, 조선 후기 사회가 불안해지면서 특히 유행하였다. 이에 조선 정부는 여러 차례 금서령을 내려 『정감록』의 유포를 제재하였다.
③ 조선 숙종 때 명목상으로 탕평을 내세우면서 집권 붕당을 급격히 교체하는 환국을 자주 일으키면서 붕당 간의 갈등이 극심해지고 노론의 일당 전제화 추세가 나타났다.
④ 조선 후기 세도 정치 시기에 정치 기강이 해이해지고 매관매직이 성행하면서 삼정이 문란해졌다.

18 의상의 활동   정답 ①

자료분석 의상은 진골 귀족 출신으로서 당나라에 유학하여 화엄학을 주로 받아들였으며, 『화엄일승법계도』를 지었다. 의상은 하나가 만물을 아우르며, 우주의 다양한 현상은 결국 하나로 귀결된다는 일즉다 다즉일(一卽多 多卽一) 사상을 통해 모든 존재는 상호 의존적이면서도 서로 조화를 이룬다고 주장하였다.
정답분석 ① 의상은 당에서 귀국한 뒤 부석사 등 여러 사찰을 건립하였으며, 화엄 사상을 집약하여 해동 화엄종을 창시하였다.
선택지분석 ② 원효는 모든 것에 거리낌이 없는 사람이 생사의 번뇌를 벗어날 수 있다는 무애 사상을 노래로 만들어 방방곡곡을 다니며 퍼뜨리는 등 불교 대중화에 기여하였다.

③ 자장은 당에 유학한 뒤 귀국하여 선덕여왕에게 황룡사 9층 목탑의 건립을 건의하였다. 이후 대국통에 임명되었으며, 통도사를 창건하고 그곳에서 출가자의 계율과 규범을 관장하였다.
④ 고려 중기에 대각국사 의천은 고려, 송, 요의 불경 주석서를 수집하고 그 목록인 『신편제종교장총록』을 작성하였으며, 이에 따라 교장을 편찬하였다.

19 16~17세기의 상황   정답 ③

자료분석 (가) 임진왜란 중 선조가 한양으로 돌아온 뒤 효과적인 전쟁 수행을 위해 새로운 편제에 따라 훈련도감을 설치하였다(1593). (나) 인조반정 직후 반정공신이었던 이괄이 평안도 병마사로 임명되 변방으로 가게 되자, 이괄이 논공행상에 불만을 품고 난을 일으켰다(1624).
정답분석 ③ 임진왜란으로 조선과 명의 국력이 약화되자 여진이 성장하여 후금을 건국하였다. 광해군은 명의 요청에 따라 강홍립을 출병시키면서도 후금과 적대할 의사가 없음을 밝히게 하는 등 성장하는 후금과 쇠퇴한 명 사이에서 중립 외교를 시도하였다. 그러나 이는 인조반정의 명분이 되었다.
선택지분석 ① 임진왜란 초기에 일본군은 한양을 거쳐 평양까지 점령하였으나, 조선 수군의 승리와 명의 참전으로 조·명 연합군이 평양성을 탈환하였고, 행주대첩 이후 일본군이 남해안으로 후퇴하면서 한양을 수복하였다.
② 정묘호란(1627)으로 조선과 후금은 형제 관계를 맺었다. 이후 후금이 청을 건국하고 황제를 칭하면서 조선에 군신 관계를 요구하자 조선에서 척화론이 대두되고 그 결과 병자호란이 일어났다(1636).
④ 효종 때 송시열, 이완 등을 중용하여 북벌을 추진하였다.

20 공민왕의 업적   정답 ①

자료분석 밑줄 친 '왕'은 공민왕이다. 공민왕은 승려 신돈을 등용하고 전민변정도감을 설치하여 개혁 정치를 펼쳤다.
정답분석 ① 공민왕은 원·명 교체기의 국제 정세를 파악하고 반원 개혁을 추진하여, 기철 등 친원파를 숙청하고 정동행성 이문소를 혁파하였으며 쌍성총관부를 수복하였다.
선택지분석 ② 사림원은 충선왕이 정치 개혁을 위해 설치한 기구였으나, 큰 역할을 하지는 못하였다.
③ 충렬왕 때 양현고의 재원이 고갈되자, 안향의 건의로 섬학전을 설치해 양현고를 보충하여 학문을 장려하였다.
④ 공양왕 때 조준 등의 건의로 과전법을 실시하여 권문세족의 농장을 혁파하고 신진 사대부의 경제 기반을 마련하였다.

제2회 실전형 봉투 모의고사

01	02	03	04	05	06	07	08	09	10
②	③	①	②	③	④	②	①	①	③
11	12	13	14	15	16	17	18	19	20
③	①	②	③	④	③	④	②	③	④

01 고려 태조 왕건의 정책   정답 ②

자료분석 자료는 최승로의 5조 정적평 중 태조 왕건에 대한 부분이다. 왕건은 고구려 계승 의식을 바탕으로 북진 정책을 추진하였으며, 발해를 멸망시킨 거란에 적대의식을 보였다. 이에 발해 왕세자 대광현을 받아들여 왕씨 성을 주었고, 거란의 사신을 유배시키고 선물로 보내온 낙타를 만부교 아래 매어 굶어 죽도록 하였다.
정답분석 ② 태조 왕건은 신라 경순왕이 고려에 항복하자 그를 경주의 사심관으로 삼았는데 이것이 최초의 사심관이다. 호족 세력의 지지를 받아 후삼국을 통일한 태조 왕건은 지방 세력을 통제하기 위해 해당 지방 출신의 유력 귀족을 사심관으로 임명해 지방 통치를 보완하도록 하였다.
선택지분석 ① 태조 왕건은 '천수'라는 연호를 사용하였다. '광덕'은 광종의 연호이다.
③ 고려 제3대 왕인 정종 때의 사실이다.
④ 고려 초기에는 광평성, 원봉성 등 태봉의 관제를 사용하다가 성종 때 중앙 관제를 2성 6부 체제로 정비하였다.

02 전두환 정부   정답 ③

자료분석 자료는 1980년에 공포된 8차 개정 헌법의 내용으로, 대통령 선거인단에 의한 대통령 선출, 대통령 임기 7년 단임제 등을 주요 골자로 하고 있다. 즉, 전두환 정부 시기의 헌법이다.
정답분석 ③ 5·18 민주화 운동을 무자비하게 유혈 진압하고 성립된 전두환 정부는 정통성이 취약하였으므로 각종 유화 정책을 펼쳤다. 대표적으로 해외여행 자유화, 중·고등학생 두발 자유화, 야간 통행금지 해제, 프로 스포츠 개막, 국풍 81 개최 등이 있다.
선택지분석 ① 새마을 운동은 박정희 정부 시기인 1970년에 시작되었다.
② 김영삼 정부 말기에 외환 위기(1997)가 발생하고, 국제 통화 기금(IMF)의 구제 금융을 받으면서 신자유주의에 따른 가혹한 구조조정이 시작되었다. 이에 김대중 정부는 고통 분담을 위한 사회적 협약 기구로 노동자, 사용자, 정부가 참여하는 노사정 위원회를 출범시켰다.
④ 전두환 신군부 세력이 12·12 군사 반란을 일으켜 정권을 장악하자, 시민들은 신군부 퇴진을 요구하는 시위를 벌였다. 이에 신군부 세력은 계엄령을 전국으로 확대하고 5·18 민주화 운동을 폭력적으로 진압하고 국가 보위 비상 대책 위원회를 설치해 사실상 군정을 실시하였다. 이후 전두환은 종래의 유신 헌법에 따라 11대 대통령에 취임하여 8차 개헌을 추진한 뒤, 8차 개정 헌법에 따라 대통령 선거인단의 선출로 12대 대통령에 취임하였다.

03 법흥왕의 업적   정답 ①

자료분석 상대등은 신라의 귀족 회의인 화백 회의를 주재하는 관직으로, 율령을 반포하고 상대등을 설치한 왕은 신라 법흥왕이다.

정답분석 ① 법흥왕은 이차돈의 순교를 계기로 불교를 공인하였다(527).
선택지분석 ② 신라 지증왕 때 동시와 동시전을 설치하였다.
③ 삼국 통일 후 신라 신문왕은 유교적 소양을 지닌 관리를 양성하기 위해 국학을 설치하였다.
④ 6세기 신라 진흥왕은 대외 정복을 활발히 펼치면서 창녕비, 북한산비, 마운령비, 황초령비 등 순수비를 세웠다.

04 충렬왕   정답 ②

자료분석 정동행성은 충렬왕 때 원의 일본 원정을 위해 설치한 기구이며, 일본 원정이 실패한 후에는 고려 왕을 승상으로 삼아 내정 간섭 기구로 존속하였다.
정답분석 ② 충렬왕 때 도병마사가 도평의사사로 개편되면서 최고 정무 기구로 위상이 높아졌다.
선택지분석 ① 충선왕은 재정을 확충하기 위해 각염법을 제정하여 소금 전매제를 실시하였다.
③ 충선왕은 아들 충숙왕에게 왕위를 물려준 후 원의 수도인 연경(북경)으로 가 학문 연구소인 만권당을 세웠다. 여기에서 이제현 등 고려의 학자들이 원의 학자와 교류하였다.
④ 우왕 때 최무선의 건의로 화통도감을 설치하여 화약 무기를 제조했으며, 이를 바탕으로 진포 해전, 관음포 해전 등에서 왜구를 물리쳤다.

05 임술 농민 봉기   정답 ③

자료분석 자료는 1862년 진주에서 시작된 임술 농민 봉기의 원인을 보여준다. 도결은 각종 부세를 토지에 부과하여 거두는 방식으로, 당시 경상 우병사 백낙신 등이 모자란 재정과 환곡을 농민에게 도결 방식으로 부과하여 착취하려 하자 몰락 양반 출신 유계춘 등이 진주에서 봉기하였으며 이는 곧 전국으로 확산되었다(임술 농민 봉기).
정답분석 ③ 정부는 농민 봉기가 삼정의 문란에서 기인한 것으로 보고 이를 바로잡기 위해 삼정이정청을 설치하였으나, 효과를 거두지는 못하였다.
선택지분석 ① 고종 때 흥선 대원군은 군정의 폐단을 시정하기 위해 호포제를 시행하였다.
② 영조 때 균역법을 실시해 군포를 1년 2필에서 1필로 줄여주면서, 부족분을 충당하기 위해 군역을 지지 않던 상층 양민을 선무군관으로 임명하고 선무군관포를 징수하였다.
④ 수조권을 받은 관리가 지나치게 조세를 징수하는 폐단을 시정하기 위해 성종 때 관수관급제를 시행해 조세를 관청에서 거두어 관리에게 나누어주도록 하였다.

06 『삼국사기』   정답 ④

자료분석 자료는 김부식이 인종의 명을 받아 『삼국사기』를 편찬하고 이를 바치면서 올린 '진삼국사기표'의 내용이다.
정답분석 ㄴ. 『삼국사기』는 유교적 합리주의 사관에 입각하여 신화나 전설 등을 배제하였다.
ㄹ. 『삼국사기』는 기전체로 서술되었다. 이에 따라 왕대별로 기록된 본기, 신하들을 충·역 등으로 분류해 기록한 열전, 경제와 제도 등을 기록한 지와 표(연표) 등으로 구성되었다.

선택지분석 ㄱ. 『삼국사기』는 삼국 시대를 다룬 역사서로 고조선에 관한 기록은 없다. 단군왕검의 고조선 건국 이야기는 『삼국유사』와 『제왕운기』에 실려 있다.
ㄷ. 조선 후기에 안정복은 이익의 삼한 정통론을 바탕으로 철저한 고증을 거쳐 한국사의 독자적 정통론을 확립한 『동사강목』을 편찬하였다.

07 고려 후기의 역사적 사실   정답 ②

자료분석 무신 정변은 1170년, 최충헌이 이의민을 죽이고 집권한 것은 1196년, 강화 천도는 최우 집권기인 1232년, 개경 환도는 원종 때인 1270년, 동녕부 반환은 충렬왕 때인 1290년의 사실이다.
정답분석 ② 무신 집권 초기에는 무신들이 중방을 중심으로 권력을 행사하였으나, 최충헌은 집권 이후 교정도감을 설치하고 스스로 교정별감이 되어 권력을 장악하였다.
선택지분석 ① 최우는 자신의 집에 정방을 설치하여 인사권을 장악하였다. (나) 시기의 사실이다.
③ 이의민 집권기인 1193년에 운문(경북 청도)의 김사미와 초전(울산)의 효심이 신라 부흥을 표방하며 봉기하였다. (가) 시기의 사실이다.
④ 최우는 강화 천도 시기에 좌별초, 우별초, 신의군을 합쳐 삼별초를 편성하였다. (다) 시기의 사실이다.

08 의열단   정답 ①

자료분석 제시문은 신채호가 김원봉의 부탁을 받고 작성한 '조선 혁명 선언'으로, 의열단은 이를 활동 강령으로 삼았다.
정답분석 ① 의열단은 1920년대 중반부터 개별적 의열 투쟁의 한계를 느끼고 황포 군관 학교에 단원들을 입교시키는 등 조직적 무장 투쟁으로 노선을 전환하였다.
선택지분석 ② 대한민국 임시 정부 산하에서 의열 투쟁을 전개한 단체로는 한인 애국단이 있다.
③ 1930년대 초반 북만주 일대에서 지청천이 이끈 한국 독립군은 중국 호로군과 연합하여 쌍성보 전투, 대전자령 전투 등에 참여해 일본군에 승리를 거두었다.
④ 1945년 7월 경성(서울) 부민관에서 친일파들이 '아시아 민족 분격 대회'를 개최하자, 대한 애국 청년당원들은 부민관을 폭파하여 대회를 무산시켰다. 일제 강점기 마지막 의거로, 오랜 식민 통치에도 불구하고 우리 민족의 독립 의지가 꺾이지 않았음을 보여준 사건이다.

09 혼일강리역대국도지도   정답 ①

자료분석 제시된 자료는 혼일강리역대국도지도에 대한 권근의 발문이다. 혼일강리역대국도지도는 현존하는 아시아에서 가장 오래된 세계 지도로서, 성교광피도와 혼일강리도 등 아라비아 지도학의 영향을 받은 원나라의 세계 지도를 참고하여 한반도와 일본을 덧붙여 제작하였다. 필사본이 현재 일본에 남아 있다.
정답분석 ① 혼일강리역대국도지도는 태종 때(1402) 이회 등이 제작한 세계 지도로 아시아와 유럽, 아프리카 등이 그려져 있다.
선택지분석 ② 조선 후기 영조 때 정상기가 제작한 동국지도에 대한 설명이다.
③ 성종 때 편찬된 『동국여지승람』에 대한 설명이다.
④ 곤여만국전도는 중국(명)에 온 선교사 마테오 리치가 제작한 세계 지도로, 선조 때 명나라에 다녀온 이광정에 의해 조선에 도입되었다.

10 정미의병 정답 ③

정답분석 매켄지는 1904년 러·일 전쟁을 취재하기 위해 한국에 파견된 '데일리 메일'의 극동 특파원이다. 자료는 그가 1906~1907년에 한국을 방문하여 의병을 인터뷰한 내용을 기록한 것으로, '한국 정규군의 제복', '군복 바지' 등을 통해 해산된 군인이 가담한 의병 부대, 즉 정미의병임을 알 수 있다.

정답분석 ③ 정미의병은 해산된 군인이 의병에 가담하면서 화력과 조직력이 강화되어 전국적인 의병 전쟁으로 발전하였다. 이인영을 총대장, 허위를 군사장으로 하는 13도 창의군을 결성하고 서울 진공 작전을 시도하였다.

선택지분석 ① 단발령과 을미사변에 반발하여 일어난 의병은 을미의병이다.
② 을사의병에 대한 설명이다. 을사의병 당시 대표적인 의병장이었던 신돌석은 평민 출신으로, 경상도와 강원도 일대에서 활약하였다.
④ 을미의병에 대한 설명이다. 근왕적 성격이 강했던 을미의병은 고종의 해산 권고 조칙을 받고 대부분 해산하였다.

11 갑신정변 이후의 정세 정답 ③

자료분석 (가) 김옥균 등 급진 개화파는 우정국 개국 기념식을 기회로 갑신정변을 일으켰다(1884). (나) 동학 농민군은 제1차 봉기 때 황토현·황룡촌 등지에서 승리하고 전주성을 점령한 뒤 정부와 전주 화약을 맺었다(1894).

정답분석 ③ 갑신정변 직후 청의 내정 간섭이 지나치게 강화되자 민씨 정부는 러시아에 접근하였다. 이 소문을 들은 영국은 러시아의 남하를 저지하기 위해 거문도를 불법 점령하였다.

선택지분석 ① 별기군은 1881년에 창설된 신식 군대로, 이들과의 차별 대우에 불만을 품은 구식 군인들이 임오군란을 일으켰다.
② 1895년 을미개혁 때 '건양'이라는 연호를 사용하였다.
④ 임오군란 이후 청과 체결한 조·청 상민 수륙 무역 장정으로 청 상인이 한성의 양화진에 점포를 개설할 수 있게 되었다(1882).

12 1920년대의 상황 정답 ①

자료분석 제시된 자료는 1922년에 발표된 제2차 조선 교육령으로, 보통학교 수업 연한을 6년으로 늘리는 등 일본과 같은 학제를 사용하도록 하였으나, 국어(일어) 상용자와 비상용자를 구분하여 실질적으로는 차별 교육을 계속하였다.

정답분석 ① 일본은 일본 자본의 조선 진출을 원활히 하기 위해 1920년에 회사령을 폐지하고 1923년에는 관세를 철폐하였다. 이에 위기감을 느낀 조선인 자본가를 중심으로 물산 장려 운동이 전개되었다.

선택지분석 ② 토지 조사 사업은 1910년대에 시행되었다.
③ 중·일 전쟁 이후인 1938년의 사실이다.
④ 1930년대의 남면북양 정책에 대한 설명이다.

13 선덕여왕 정답 ②

자료분석 백제 의자왕은 즉위 초부터 신라를 거세게 공격하여 신라의 대야성을 빼앗고 고구려와 연결해 당항성을 공격하였다. 이 시기의 신라 왕은 선덕여왕으로, 김춘추·김유신 세력을 중용하여 난국을 타개하려 하였다.

정답분석 ② 선덕여왕은 자장의 건의를 받아들여 황룡사 9층 목탑을 건립하였다. 또한 분황사와 분황사 모전 석탑, 첨성대, 영묘사 등을 건립하였다.

선택지분석 ① 대가야 정복은 진흥왕 때의 사실이다(562).
③ 문무왕은 안승을 비롯한 고구려 세력을 금마저(익산)에 안치시키고 안승을 보덕국왕으로 봉하였다.
④ 진덕여왕 때 원래 재정 관청이던 품주를 국가 기밀을 담당하는 집사부로 개편하고, 재정을 담당할 창부를 설립하였다.

14 대한민국 임시 정부의 활동 정답 ③

정답분석 ③ 국민 대표 회의는 1923년에 개최되었으므로 (나) 시기에 해당된다. 대한민국 임시 정부 초기에는 외교 독립론을 주요 활동으로 삼았다. 그러나 파리 강화 회의에서 외교론이 성과를 거두지 못하고 이승만의 위임 통치 청원서 사건이 알려지면서 신채호, 박용만 등이 국민 대표 회의 소집을 요구하였다. 1923년 개최된 국민 대표 회의에서 창조파와 개조파의 대립 등으로 뚜렷한 결론 없이 회의가 결렬되고 난 후 대한민국 임시 정부의 활동이 침체되었다.

선택지분석 ① 3·1 운동 직후 상하이에서 임시 의정원을 구성하고 헌법인 임시 헌장을 공포(1919. 4. 11.)하였으며, 이에 근거하여 우리 역사상 최초의 3권 분립에 입각한 민주 공화제 정부인 대한민국 임시 정부가 수립되었다.
② 국내와 간도 지역의 비밀 행정 조직망이었던 연통제가 1921년 일제에 의해 발각·해체되어 임시 정부의 재정이 어려워졌다.
④ 충칭으로 이동한 임시 정부는 1940년에 주석 중심제로 개편하고 김구를 주석으로 선출하였다. 이후 김원봉의 조선 의용대 세력 등 제한적이나마 좌우 세력을 연합하게 되면서 1944년에 주석, 부주석 중심제로 개편하였다.

15 고려와 여진의 관계 정답 ①

자료분석 자료는 거란의 1차 침입 당시 거란의 소손녕과 서희가 담판한 내용이다. 서희는 고려가 고구려를 계승한 나라임을 밝히는 한편, 고려가 거란과 통교하지 못하는 이유가 거란과 고려 사이에 여진이 가로막고 있기 때문임을 강조하였다. 그 결과 당시 거란으로부터 강동 6주 지역에 대한 영유권을 인정받은 후 여진을 몰아내고 강동 6주를 설치하였다.

정답분석 ① 12세기 초 여진의 세력이 커져 고려와 자주 충돌하게 되었다. 이에 고려 숙종 때 윤관의 건의에 따라 신기군, 신보군, 항마군 등으로 구성된 별무반을 편성하였으며, 예종 때 윤관이 별무반을 이끌고 여진을 정벌하여 동북 9성을 개척하였다.

선택지분석 ② 이성계는 우왕 때 운봉(남원) 인근의 황산에서 왜구를 격파하였다.
③ 고려는 거란의 침입 때 초조대장경, 몽골의 침입 때 재조대장경(팔만대장경)을 판각하여 부처의 힘으로 국난을 극복하고자 하였다.
④ 원·명 교체기에 한족 반란군인 홍건적이 고려에 두 차례 침입하였으며, 2차 침입(1361) 때 개경이 함락되어 공민왕이 복주(안동)로 피난하기도 하였다.

16 조선 후기의 경제 정답 ①

자료분석 자료는 조선 후기 광산업이 수령 수세제로 바뀌는 상황을 보여준다. 조선 초기 광산 채굴은 부역 노동에 의해 관청에서 주관하였으나, 조선 후기에는 민간이 자유로이 채굴하게 하고 수령이 세금을 걷도록 하는 수령 수세제가 시행되었다. 이에 따라 수령과 결탁하거나 몰래 채굴하는 잠채도 성행하였다.

정답분석 ① 덕대는 물주에게 자금을 받아 혈주와 광군 등을 거느리고 광산을 운영하던 일종의 전문 광산 경영인이다. 책문후시에서 활동한 상인은 의주 만상이다.
선택지분석 ② 객주와 여각은 포구를 중심으로 선상이 운반한 물품을 위탁 판매하거나 금융, 숙박, 창고업 등을 겸하는 상인이었다.
③ 조선 후기에 상품 화폐 경제의 발전으로 시장에 판매하기 위한 상품 작물의 재배가 확대되었다.
④ 조선 후기에는 물주에게 미리 재료와 돈을 받고 물품을 생산하는 선대제 수공업이 나타났다. 이후 점차 상품 화폐 경제가 발전하면서 미리 물건을 생산해 판매하는 독립 수공업자도 등장하였다.

17 향약   정답 ④

자료분석 자료는 이황이 세운 예안향약의 약정서이다. 선비들이 조목을 세워 풍속을 교화한다는 데서 (가)가 향약임을 알 수 있다.
정답분석 ④ 향약은 전통적 공동체 의식과 미풍양속을 계승하는 가운데 덕업상권, 환난상휼 등 유교 윤리를 가미한 조직으로, 양반에서 노비까지 향촌민 전체를 가입시켜 지방 사림의 지위 향상과 풍속 교화에 기여하였다.
선택지분석 ① 경재소에 대한 설명이다.
② 유향소에 대한 설명이다.
③ 서원에 대한 설명이다.

18 1920년대의 상황   정답 ④

자료분석 제시된 자료에서 설명하는 영화는 1926년 10월에 처음 상영된 나운규의 '아리랑'으로, 일제의 식민 지배 아래에서 고통을 겪는 민족의 애환을 묘사하였다.
정답분석 ④ 1926년 순종의 장례일(인산일)을 기해 6·10 만세 운동이 일어났다. 6·10 만세 운동을 계기로 민족주의자와 사회주의자 간의 연대 분위기가 형성되면서 '정우회 선언'이 발표되었으며, 이는 신간회 결성의 바탕이 되었다.
선택지분석 ① 중·일 전쟁(1937) 이후 일제는 민족 말살 정책을 강화하면서 신사 참배, 정오 묵도, 황국 신민 서사 암송 등을 강요하였다. 1941년 국민학교령이 발표되어 초등 교육 기관의 명칭이 '황국 신민의 학교'를 의미하는 국민학교로 개칭되었다.
② 일제는 1910년 임시 토지 조사국을 설치하고, 1912년에 토지 조사령을 공포하여 토지 조사 사업을 실시하였다. 토지 조사 사업은 1918년에 일단락되었다.
③ 이회영 형제 등 신민회 인사들이 삼원보를 개척하면서 신흥 강습소를 설치하였다(1911). 1919년에 신흥 무관 학교로 개칭하였으며, 일제가 간도를 장악한 1920년에 폐교되었다.

19 유네스코 세계 유산   정답 ③

정답분석 ㄴ. 『조선왕조실록』은 1대 태조부터 25대 철종까지 472년간의 사적을 편년체로 기록한 역사서로, 그 가치를 인정받아 유네스코 세계 기록 유산에 등재되었다. 고종과 순종의 실록은 일제 강점기에 편찬되었으며 편찬 과정도 전통적 방식이 아니어서 제외되었다.
ㄷ. 정조 때 수원 화성을 축조하면서 그 조성 과정을 자세히 담은 『화성성역의궤』를 제작하였다. 이후 6·25 전쟁 등을 거치며 훼손되었던 부분을 『화성성역의궤』를 참고하여 원형 그대로 복원할 수 있었다.

선택지분석 ㄱ. 『직지심체요절』은 현존하는 가장 오래된 금속활자 인쇄물로서 고려 우왕 때 청주 흥덕사에서 간행되었다(1377). 『상정고금예문』은 강화 천도 시기에 금속활자로 간행했다는 기록이 남아 있으나 현재 전하지 않는다.
ㄹ. 우리나라에서 가장 오래된 석탑은 익산에 위치한 미륵사지 석탑으로, 목조탑 양식 그대로 돌을 깎아 만든 석탑이다.

20 미군정기의 정치 상황   정답 ④

자료분석 제시된 자료는 태평양 방면 미 육군 총사령관 맥아더의 제1호 포고령으로, 이에 따라 미군정이 시작되었다(1945. 9. 9.). 미국에 의한 군정은 1948년 대한민국 정부가 수립됨으로써 종료되었다. 즉, 광복 직후부터 대한민국 정부 수립 사이인 미군정기에 대한 문제이다.
정답분석 ④ 대한민국 임시 정부는 충칭에 정착한 후 조소앙의 삼균주의를 바탕으로 한 대한민국 건국 강령을 발표하였다(1941).
선택지분석 ① 모스크바 3국 외상 회의의 결정에 따라 1946년과 1947년 두 차례에 걸쳐 미·소 공동 위원회가 개최되었다. 그러나 임시 민주 정부에 참여할 세력의 범위를 두고, 자국에 우호적인 정부를 세우려는 미·소의 이견이 좁혀지지 않아 결렬되었다.
② 미군정은 초기에 미곡 자유화 정책을 펼쳤으나, 북한 주민 및 해외 동포의 입국 등으로 생필품이 부족해지고 인플레이션이 발생하자 미곡을 강제로 수매하는 미곡 수집제를 시행하였다. 이에 대구 10·1 사건 등 미곡 수집제에 반발한 시위가 일어나기도 하였다.
③ 미군정은 1946년 신한 공사를 설립하여 총독부와 일본인 자산을 관리하면서 귀속 재산을 민간에 불하하였다.

제3회 실전형 봉투 모의고사

01	02	03	04	05	06	07	08	09	10
④	②	②	②	②	③	①	①	③	②
11	12	13	14	15	16	17	18	19	20
②	②	④	②	③	②	③	③	②	①

01 조선과 열강이 체결한 조약   정답 ④

자료분석 (가)는 최혜국 대우 조항을 담고 있는 조·미 수호 통상 조약(1882), (나)는 청 상인의 내지 진출권을 담고 있는 조·청 상민 수륙 무역 장정(1882), (다)는 일본 상품의 무관세 조항을 담고 있는 조·일 무역 규칙(1876)이다.

정답분석 ④ 강화도 조약의 부속 조약인 조·일 수호 조규 부록(1876)에서 일본 상인이 활동할 수 있는 범위를 개항장을 중심으로 10리까지로 제한하였다. 이후 조·영 수호 통상 조약에서 상인의 내지 진출이 허용되었으며, 일본은 1883년 개정된 조·일 통상 장정의 최혜국 대우 조항에 의거해 내륙 시장에 진출할 수 있게 되었다.

선택지분석 ① 조·미 수호 통상 조약(1882)에는 양국 가운데 한 나라가 제3국의 압박을 받으면 도와준다는 거중 조정 조항이 있었다.
② 조·청 상민 수륙 무역 장정(1882)에는 청을 조선의 종주국이라 명시하였다.
③ 조·청 상민 수륙 무역 장정(1882)으로 조선 시장을 둘러싼 청 상인과 일본 상인의 경쟁이 치열해졌다.

02 조선의 군사 제도   정답 ②

자료분석 도내 여러 읍의 군사를 중앙에서 파견하는 순변사, 도원수 및 병마사가 통일적으로 지휘하도록 한 체제는 을묘왜변 이후 시행된 제승방략 체제이다. 조선 초기에 시행된 진관 체제는 지역 단위의 방어 체제였으나 대규모 적의 침입에 취약하였다. 이에 을묘왜변 이후 중앙에서 보낸 장수가 지방군을 통솔하도록 하는 제승방략 체제를 시행하였으나, 임진왜란 때 폐단을 드러내 다시 지방군으로 속오군을 편성하고 진관 체제를 복구하였다.

정답분석 ② 속오군은 양반에서 노비에 이르기까지 편제된 군대로, 평상시에는 생업에 종사하고 농한기에는 훈련을 받다가 외적이 침입해 오면 전투에 동원되었다.

선택지분석 ① 장용영은 정조 때 왕권을 뒷받침하기 위해 설치한 국왕의 친위군으로, 한양에 본영을 두고 수원 화성에 외영을 두었다.
③ 16세기 이후 군역이 요역화되면서 대립과 방군수포가 성행하였다. 중종 때 군적수포제를 시행하여 군포를 납부하는 것으로 번상의 의무를 대신하게 한 제도로, 진관 체제에 기반한 지방군 체제가 유명무실화되는 배경이 되었다.
④ 조선 시대에는 양인 개병제를 실시하여 군역 대상자를 크게 증가시켰으며, 그중 일부는 정군으로 실제 군역에 복무하고 나머지는 보인으로 삼아 정군과 갑사 등을 경제적으로 지원하게 하였다.

03 백제 성왕의 업적   정답 ②

자료분석 자료의 신라 군사의 도움으로 승리를 거둔 장면과 신라를 공격하다가 죽었다는 내용을 통해 밑줄 친 '왕'이 백제 성왕임을 알 수 있다. 성왕은 고구려의 내정이 불안한 틈을 타서 신라와 연합하여 일시적으로 한강 유역을 부분적으로 수복하였지만 곧 신라에 빼앗기고, 자신도 신라를 공격하다가 관산성에서 전사하였다.

정답분석 ② 성왕은 대외 진출이 쉬운 사비(부여)로 도읍을 옮기고(538), 국호를 남부여로 고치면서 중흥을 꾀하였다. 또한 22부의 중앙 관청을 두고 수도를 5부, 지방을 5방으로 정비하였다.

선택지분석 ① 백제에서 부자 상속에 의한 왕위 계승이 시작된 시기는 4세기 근초고왕 때이다.
③ 일본에 아직기와 왕인을 보낸 왕은 백제 근초고왕이다. 아직기는 일본 태자에게 경전을 가르치고, 왕인은 『천자문』과 『논어』를 전수하였다.
④ 국가 체제를 정비하며 6좌평 16관등제의 골격을 마련한 국왕은 백제 고이왕이다. 고이왕은 밖으로 마한의 중심 세력인 목지국을 병합하고, 한반도의 중부 지역을 확보하였다. 그리고 안으로는 6좌평 16관등제를 마련하고 관리의 복색과 중요한 법령을 제정하는 등 국가 조직을 정비하여 중앙 집권 국가의 모습을 보였다.

04 영조의 정책   정답 ②

자료분석 자료는 이조 전랑이 청요직 관리를 추천할 수 있는 통청권을 혁파하는 내용이다. 영조는 붕당 간의 갈등을 억제하기 위해 이조 전랑의 통청권과 한림의 자천권을 혁파하였다.

정답분석 ㄱ. 영조 때 홍봉한에게 명하여 우리나라의 역대 제도와 문물을 망라한 한국학 백과사전인 『동국문헌비고』를 편찬하도록 하였다.
ㄹ. 영조 때 양인을 증가시키기 위해 노(奴, 남자 종)와 양인 여자 사이의 자식을 어머니의 신분에 따라 양인으로 정하는 노비종모법을 시행하였다.

선택지분석 ㄴ. 선조 때 훈련도감 설치를 시작으로 인조 때 어영청·총융청·수어청이 설치되었고, 숙종 때 금위영이 설치되면서 조선 후기 중앙군인 5군영 체제가 완비되었다.
ㄷ. 효종 때 청과 러시아 사이에 국경 분쟁이 발생하자 청의 요청으로 조총 부대를 두 차례 파견하는 나선 정벌을 추진하였다.

05 1920년대 국외 독립운동   정답 ②

자료분석 (가)는 1920년 봉오동 전투, (나)는 1921년 자유시 참변에 대한 내용이다.

정답분석 ② 일제는 봉오동 전투에서 패한 것을 보복하고 독립군의 근거지를 없애기 위해 1920년 10월부터 이듬해 봄까지 간도 지역의 한국인을 학살하고, 가옥과 학교 등을 불사르는 간도 참변을 일으켰다.

선택지분석 ① 자유시 참변 이후 만주로 돌아온 독립군 세력은 참의부, 정의부, 신민부 등 3부를 결성하였다. 3부는 각기 민정 기관과 군정 기관을 갖춘 실질적인 자치 정부였다.
③ 자유시 참변 이후 독립군 부대가 만주로 귀환하여 3부를 결성하고 독립운동을 전개하였다. 이에 조선 총독부 경무국장 미쓰야와 만주 군벌 사이에 미쓰야 협정을 체결하여 한인들의 활동을 탄압하였다(1925).
④ 대동단결 선언은 1917년에 상하이에서 신규식 등이 발표한 것으로, 주권 불멸론을 바탕으로 순종의 주권 포기로 주권이 사라진 것이 아니라 국민에게 양도된 것이라고 주장하여 임시 정부의 이론적 근거가 되었다.

06 조선 태종   정답 ③

정답분석 제시된 자료는 6조 직계제 시행에 대한 내용이다. '일찍이 송도에 있을 때'에서 송도에서 정종에게 양위 받은 후 한양으로 재천도한 태종임을 알 수 있다.

정답분석 ③ 한양을 중심으로 천체의 운행을 계산한 역법서는 『칠정산』으로, 세종 때 이순지·김담 등이 왕명을 받아 작성하였다.
선택지분석 ① 고려 말 공양왕 때 저화를 발행하려 했으나, 왕조 교체 과정에서 중단되었다. 이후 조선 태종 때 사섬서를 설치하고 저화를 발행하였다.
② 태종은 문하부를 혁파하고 의정부를 설치할 때 문하부 낭사를 사간원으로 독립시켜 대신들을 견제함으로써 왕권을 강화하고자 하였다.
④ 태종 때 전세, 역, 공납의 기반이 되는 양인의 수를 정확히 파악하기 위해 16세 이상의 성인 남자로 하여금 호패를 차게 했다.

07 제너럴 셔먼호 사건 정답 ①

자료분석 제시된 자료는 1866년 미국 상선 제너럴 셔먼호가 대동강을 거슬러 올라와 통상을 요구하며 난동을 부리다가 평양 군민에 의해 침몰한 사건에 대한 내용이다.
정답분석 ① 제너럴 셔먼호 사건을 빌미로 미국은 신미양요(1871)를 일으켰다. 신미양요 당시 어재연 부대가 광성보에서 항전하였으나 화력의 열세에 밀려 대패하고, 어재연의 장군기가 미군에 노획되었다.
선택지분석 ② 일본이 일으킨 운요호 사건(1875)을 계기로 최초의 근대적 조약인 강화도 조약(1876)이 체결되었다.
③ 병인양요 때 프랑스군이 퇴각하면서 강화도 외규장각의 의궤를 비롯한 수많은 서책과 문서를 약탈하였다.
④ 흥선 대원군이 일으킨 병인박해에 대한 설명으로, 병인양요의 원인이 되었다.

08 정묘호란 정답 ①

자료분석 자료는 명나라 장수 모문룡이 철산 앞바다의 가도에 머무르며 후금의 배후를 치겠다고 자극하는 가운데, 금이 조선을 침략한 정묘호란에 대한 내용이다(1627).
정답분석 ① 정묘호란 당시 철산의 용골산성에서 정봉수가, 의주에서 이립 등이 의병을 일으키고 관군과 합세하여 후금의 군대와 맞서 싸웠다.
선택지분석
② 정묘호란 당시 인조는 강화도로 피난하여 항전을 독려하였다. 인조가 남한산성으로 피난한 것은 병자호란 때이다.
③ 병자호란 당시 인조는 삼전도에 나아가 청과 군신 관계를 체결하였으며, 이후 소현세자와 봉림대군 및 삼학사 등 척화파 신료들이 청에 인질로 끌려갔다.
④ 임진왜란 중에 있었던 행주대첩에 대한 설명이다. 조·명 연합군이 평양성을 탈환한 후 권율이 한양을 수복하기 위해 행주산성으로 전진하였으나, 명군이 벽제관 전투에 패하여 물러났다. 이에 일본군이 행주산성을 대대적으로 공격하였으나 권율이 이끄는 관군과 의병 연합 세력이 일본군에 대승을 거두었다.

09 대각국사 의천 정답 ③

자료분석 제시된 자료는 대각국사 의천에 대한 내용이다. 대각국사 의천은 문종의 아들로서 출가하여 송에 유학하였으며, 고려·송·요의 불경 주석서를 모아 교장을 편찬하였다. 또한 화폐의 필요성을 건의하여 주전도감 설치에 영향을 주었다.
정답분석 ③ 의천은 송에 유학하고 돌아와 국청사를 창건하고 해동 천태종을 창시하였다. 천태종은 교종을 기반으로 선종을 통합하려는 것으로, 의천은 이론의 연마와 실천을 아울러 강조하는 교관겸수를 제창하였다.

선택지분석 ① 고려 초 광종 때 귀법사의 주지를 지낸 균여에 대한 설명이다.
② 원효는 일심 사상을 바탕으로 종파 간 대립을 한 단계 높은 차원에서 융화시키는 화쟁 사상을 주장하였다.
④ 고려 무신 집권기 지눌에 대한 설명이다. 지눌은 돈오점수를 주장하면서 선종을 중심으로 교종을 통합하였다.

10 정부 수립 과정 정답 ②

자료분석 (가)는 제1차 미·소 공동 위원회가 결렬된 후 이승만이 단독 정부 수립을 주장한 정읍 발언이다(1946. 6.). (나)는 유엔 소총회를 앞두고 1948년 2월에 김구가 발표한 '삼천만 동포에게 읍고함'이다.
정답분석 ㄱ. 이승만이 정읍 발언으로 단독 정부 수립을 주장하자, 김규식·여운형 등 중도적 인사들이 좌우 합작 위원회를 조직(1946. 7.)하고 좌우 합작 7원칙을 발표하였다(1946. 10.).
ㄹ. 좌우 합작 운동이 전개되자 미군정은 남조선 과도 입법 의원(1946. 12.), 남조선 과도 정부(1947. 5.)를 수립하여 민정 이양을 준비하였다.
선택지분석 ㄴ. 1945년 12월에 열린 모스크바 3국 외상 회의에서 임시 조선 민주주의 정부 수립, 미·소 공동 위원회 개최, 최대 5개년간의 신탁 통치를 결정하였다.
ㄷ. 김구가 '삼천만 동포에게 읍고함'을 발표하고 남북 협상을 제의하였으며, 이에 따라 1948년 4월에 평양에서 남북 제 정당 사회단체 연석회의가 개최되었으나 큰 성과는 없었다.

11 호락 논쟁 정답 ②

자료분석 (가)는 호락 논쟁 중 사람과 사물의 본성이 같다고 주장한 낙론이다. (나)는 사람과 사물의 본성이 다르다고 주장한 호론이다.
정답분석 ② 낙론은 서울·경기 지역의 명문가 출신이 많았으며, 이들은 청나라를 통해 들어온 신문물을 자주 접하면서 오랑캐도 중화가 될 수 있다는 인물성동론 입장을 띠게 되었다. 이는 후에 북학론으로 계승되어 개화사상에도 영향을 주었다.
선택지분석 ① 이기호발설은 이황의 주장이다. 호락 논쟁은 18세기에 이이의 기발이승일도설과 이통기국론의 전통을 이어받은 노론 내부에서 이루어진 논쟁이다. 이의 보편성(이통)을 강조하는 입장이 낙론, 기의 국한성(기국)을 강조하는 입장이 호론이다.
③ 17세기 후반 송시열 등 노론을 중심으로 성리학이 교조화되면서 남인 윤휴와 소론 박세당 등은 주자의 해석을 비판하고 새로운 해석을 시도하다가 노론에 의해 사문난적으로 지목되었다.
④ 양명학에 대한 설명이다. 소론이 정계에서 완전히 밀려난 뒤 정제두는 강화도에 은거하여 양명학을 집대성해 강화학파를 형성하였다.

12 조선 후기 농업 정답 ②

자료분석 자료는 조선 후기에 이앙법이 확산되면서 적은 인력으로 많은 토지를 경작하는 광작이 가능해진 상황을 보여 준다. 이에 따라 부농층이 성장하는 한편 다수의 농민은 토지를 잃고 소작농으로 전락하거나 농촌을 이탈하는 농민의 계층 분화가 나타났다.

정답분석 ② 조선 후기에 광작이나 상품 작물 재배를 통해 부를 축적한 부농층이 성장하였다. 부농층은 수령의 부세 수취에 적극 협조하면서 향임직에 진출하였고, 이에 따라 기존의 사족(구향)과 새로 향회에 진출한 세력(신향) 사이에 향전이 발생하였다.

선택지분석 ① 원 간섭기 이후 북방 가마 기술이 도입되면서 분청사기가 제작되었다. 분청사기는 조선 초기까지 유행하다가 16세기부터 선비의 취향을 반영한 백자가 유행하면서 점차 사라져갔다.

③ 세종 때 부산포·제포·염포 등 3포를 개항하고 대마도주와 계해약조를 맺어 제한된 교역을 허용하였다. 중종 때 삼포왜란을 계기로 삼포를 폐쇄했다가 임신약조를 체결해 제포만 개항하였으며, 임진왜란으로 국교가 단절되었다가 기유약조를 맺어 부산포만 개항하였다.

④ 세종 때 정초 등이 나이든 농민의 실제 농사 경험을 수집하여 『농사직설』을 간행하였다.

13 고조선의 발전   정답 ④

자료분석 『삼국유사』에 따르면 고조선은 중국 요 임금과 같은 시기에 건국되었다고 전하며, 『동국통감』에서 이를 기원전 2333년으로 추정하였다. 위만은 진·한 교체기에 고조선으로 망명하여 박사에 임명되었다가 준왕을 몰아내고 집권하였다(기원전 194). 고조선은 위만의 손자 우거왕 때 한 무제의 침입을 받아 멸망하였다(기원전 108).

정답분석 ④ 위만 조선은 중국 한나라와 남방의 예·진 사이의 교역을 막고 중계 무역의 이익을 독점하였다.

선택지분석 ① 고조선에는 사회 질서를 유지하기 위해 8조법이 있었다. 한 무제에 의해 멸망하고 한 군현이 설치된 후 풍속이 각박해져 법 조항이 60여 조로 증가하였다고 전한다. (나) 이후의 일이다.

② 위만 조선 시기에 철기 문화를 본격적으로 수용하면서 주변의 임둔·진번 지역을 복속시키며 영역 국가로 발전하였다. (나) 시기의 사실이다.

③ 기원전 3세기경에 부왕, 준왕과 같은 강력한 왕이 등장하여 왕위 부자 세습이 이루어졌다. (가) 시기의 사실이다.

14 헌병 경찰 통치   정답 ②

자료분석 자료는 1912년에 제정된 조선 태형령이다. 일제는 전근대적인 태형을 부활시켜 한국인에게만 적용하였다. 태형령은 1920년에 폐지되었다.

정답분석 ② 헌병 경찰 통치 시기에 군인인 헌병이 일반 치안을 담당하면서 군사적 지배를 하였으며, 관리나 교원도 제복을 입고 칼을 차게 하여 공포 분위기를 조성하였다. 또한 헌병 경찰은 즉결처분권을 가지고 적법 절차 없이 벌금, 구류, 태형 등의 형벌을 가하였다.

선택지분석 ① 일제는 1940년대에 전시 통제를 강화하면서 남자에게는 군복을 개량한 국민복, 여자에게는 일바지인 몸뻬 착용을 강요하였다.

③ 1920년대 문화 통치의 일환으로 조선일보와 동아일보 등 우리말 신문의 간행이 허용되었다. 그러나 검열과 잦은 정간 등으로 언론을 탄압하였다.

④ 일제는 1930년대에 한반도 남부 지방의 농민에게는 면화 재배, 북부 지방에는 양 사육을 강요하는 남면북양 정책을 실시하였다. 이는 세계 대공황(1929) 이후 공업 원료 증산을 위한 정책이었다.

15 흥선 대원군의 개혁 정치   정답 ③

자료분석 제시문은 흥선 대원군에 대한 박은식의 평가이다. 흥선 대원군이 세도 정치를 혁파하고 삼정의 문란을 일부 해소한 것은 장점이지만, 원납전 등을 함부로 거두고 쇄국 정책을 통해 통상 수교를 거부한 것은 단점이라고 평가하였다.

정답분석 ③ 흥선 대원군은 세도 정치의 중심 기구인 비변사를 혁파하고, 삼군부를 부활시켜 군무를 담당하게 하였으며 의정부의 기능을 강화하였다.

선택지분석 ① 군국기무처의 총재관에 임명된 인물은 김홍집이다.

② 최익현 등 유생 세력에 해당된다.

④ 흥선 대원군은 임오군란 당시 일시적으로 재집권하였으나, 청나라 군사에 의해 톈진으로 압송되었다. 갑신정변 때는 청에 있었으며, 개화당 정부가 흥선 대원군을 귀국시킬 것을 내세우기도 하였다.

16 고대의 고분과 유물   정답 ②

자료분석 (가) 백제 역사 유적 지구 중 무령왕릉과 왕릉원(송산리 고분군)에는 모두 7기의 무덤이 발견되었는데, 그중 1호~5호는 굴식 돌방무덤이고 6호분과 7호분은 벽돌무덤이다. 7호분에서는 무덤의 주인을 정확히 알려주는 지석이 출토되어 무령왕릉임이 밝혀졌다. (나) 경주 역사 유적 지구 중 대릉원 지구에는 천마총, 미추왕릉 등 신라의 고유한 돌무지덧널무덤이 분포해 있다. 4~6세기의 신라 무덤이라는 데서도 알 수 있다.

정답분석 ② 무령왕릉에서 지석이 발견되었는데, 무덤의 피장자가 '영동대장군 백제 사마왕'이라고 기록되어 있다. 이를 『삼국사기』 초기 기록 및 『양서』 등의 중국 기록과 비교 검증하여 무덤의 주인이 백제 무령왕임을 알 수 있게 되었다.

선택지분석 ① 신라의 돌무지덧널무덤인 호우총에서는 고구려 광개토 대왕의 이름이 새겨진 청동 그릇(호우)이 발견되어 당시 신라가 고구려의 정치적 영향을 받고 있었음을 보여 준다.

③ 돌무지덧널무덤은 목곽위에 돌을 쌓아올린 무덤으로, 벽화를 그릴 수 없는 구조이다. 강서대묘 등 고구려의 굴식 돌방무덤에 도교의 방위신인 사신도가 많이 그려져 있다.

④ 부여의 능산리 고분군 인근의 절터에서 신선이 사는 이상 세계를 묘사한 백제 금동 대향로가 출토되었다.

17 동인과 서인   정답 ③

자료분석 (가)는 척신 정치 청산에 적극적인 신진 사림의 주장으로 이들이 동인을 형성하였다. (나)는 척신 정치 청산에 소극적인 기성 사림의 주장으로 이들이 서인을 형성하였다.

정답분석 ③ 광해군이 영창대군을 사사하고 인목대비를 유폐하자 서인 세력은 이를 패륜으로 보고 인조반정을 일으켰다.

선택지분석 ① 동인은 주로 지배층의 도덕적 수양을 통해 부패를 청산하고 사회 질서를 확립함으로써 사회 문제를 해결하고자 하였다. 이에 비해 서인은 제도 개혁을 통한 부국안민을 추구하였다.

② 동인에는 이황과 조식의 제자인 영남 사림들이 주로 참여하였다. 이이와 성혼의 문인들이 주로 가담한 붕당은 서인이다.

④ 학문의 실천성을 강조한 조식의 문인들은 주로 북인을 이루었으며, 임진왜란 시기에 의병 활동을 주도하여 광해군 때 정권을 장악하였다.

18 고려 성종 정답 ③

자료분석 자료는 고려 성종 때 최승로가 올린 시무 28조의 내용이다.
정답분석 ③ 최승로는 지방 호족의 수탈을 막기 위해 지방관을 파견해야 한다고 주장하였으며, 이에 따라 성종은 지방 요충지에 12목을 설치하고 지방관을 파견하였다.
선택지분석 ① 고려 태조 왕건은 후삼국을 통일한 후 논공행상의 성격으로 역분전을 지급하였다.
② 보는 일정한 기금을 마련해 그 이자로 사업을 하는 일종의 재단으로, 고려 광종 때 제위보를 설치해 그 이자로 빈민을 구제하도록 하였다.
④ 고려 문종 때 경정 전시과를 시행하여 현직 관리에게만 전시과를 지급하였다.

19 시기별 통일 정책 정답 ②

정답분석 (가) 박정희 정부 시기인 1972년에 7·4 남북 공동 성명을 발표하였는데, 여기에서 통일의 3대 원칙을 처음 천명하였다.
(다) 노태우 정부 시기인 1991년에 남북이 유엔에 동시 가입한 후 남북 기본 합의서를 체결하여 남북 교류에 대한 법적 근거를 마련하였다.
(나) 김대중 정부 시기인 2000년에 최초로 남북 정상회담을 성사시켰으며, 그 결과 6·15 남북 공동 선언을 발표하여 남북 통일 방안의 공통성에 대해 합의하였다.

20 근대 교육의 발전 정답 ①

자료분석 자료는 제2차 갑오개혁 중 고종이 반포한 교육입국 조서이다(1895).
정답분석 ① 교육입국 조서 반포 이후 정부는 한성 사범학교를 설립해 교원을 양성하고, 이후 각지에 소학교를 건립하였다.
선택지분석 ② 광무개혁 시기에 우무학당, 전무학당, 상공학교, 광무학교 등을 설립해 실업 교육을 강화하였으며, 근대 산업 기술 습득을 위해 외국에 유학생을 파견하였다.
③ 원산학사는 1883년에 원산 지역 관민들이 합심하여 설립한 최초의 근대적 사립 학교이다.
④ 육영공원은 1886년에 정부에서 설립한 최초의 근대 학교로 젊은 관리를 좌원, 고관의 자제를 우원으로 편성하고 외국인 교사를 초빙하여 근대 학문을 교육시켰다.

제4회 실전형 봉투 모의고사

01	02	03	04	05	06	07	08	09	10
④	④	④	①	②	②	①	③	②	③
11	12	13	14	15	16	17	18	19	20
③	②	③	③	②	④	③	③	③	③

01 고대 국가의 발전 정답 ④

정답분석 ㅁ. 2세기 고구려 고국천왕 때의 사실이다.
ㄷ. 백제는 3세기 고이왕 때 율령을 반포하고 공복을 제정하였다.
ㄴ. 4세기 말 신라 내물왕 때 왕의 칭호를 마립간으로 하였다.
ㄱ. 고구려는 5세기 장수왕 때 평양으로 천도하였다.
ㄹ. 6세기에 백제와 신라가 가야 세력을 압박하는 가운데, 금관국 왕 김구해가 가족을 데리고 신라 법흥왕에게 투항하면서 금관가야가 멸망하였다(532).

02 고려 시대의 주요 사건 정답 ④

정답분석 (라)는 숙종 때(1104) 윤관의 건의로 설치한 별무반에 대한 설명이다. 여진이 성장하여 고려와 충돌하게 되자, 윤관은 기병 중심의 여진에 대응하기 위해 별무반 설치를 건의하였다.
(다)는 인종 때(1128) 정지상이 서경 천도를 주장한 내용이다. 이자겸의 난 이후 인종이 실추된 왕권을 회복하기 위해 정치 쇄신을 추진하자, 묘청과 정지상 등 서경 세력은 풍수지리설을 근거로 서경 천도를 주장하였으나 개경파의 반대로 천도가 실패하자 서경에서 난을 일으켰다.
(가)는 몽골의 2차 침입 때(1232) 김윤후와 처인 부곡민들이 몽골군을 물리치고 몽골 장수 살리타를 사살한 내용이다.
(나)는 '개경으로 환도', '출륙' 등을 통해 원종 때(1270) 강화도에서 개경으로 환도하는 내용임을 알 수 있다.

03 민족 유일당 운동 정답 ④

자료분석 (가)는 1926년에 발표된 '정우회 선언'으로, 사회주의계가 민족주의계와의 합작 가능성을 인정하는 내용이다. 이는 신간회 창립(1927)의 배경이 되었다. (나)는 신간회 중앙 본부에 개량적 민족주의계가 자리를 잡자 사회주의계가 제기한 신간회 해소론으로, 이에 따라 신간회는 1931년에 해소되었다.
정답분석 ④ 1929년에 원산의 한 정유 공장에서 일본인 감독자가 한국인 노동자를 폭행한 것이 발단이 되어, 일제 강점기 최대 규모의 노동 쟁의인 원산 총파업이 일어났다.
선택지분석 ① 치안 유지법은 1925년에 제정되었다.
② 조선일보와 동아일보는 1920년에 창간되었으며, 중·일 전쟁 이후 민족 말살 통치가 극심해지면서 1940년에 폐간되었다.
③ 1920년대 초에 민족 실력 양성을 위해 고등 교육이 필요하다는 주장이 제기되었으며, 1923년에 민립 대학 설립 기성회가 설립되어 민립 대학 설립 운동을 전개하였다.

04 서얼   정답 ①

자료분석 훌륭한 신하의 후예이며, 양반들과 한 뿌리에서 나온 자손이면서도 대대로 벼슬길이 막혀 있는 (가)는 서얼이다.

정답분석 ① 정조 때 이덕무, 유득공, 박제가, 서이수 등 서얼을 규장각 검서관에 등용하였다.

선택지분석 ② 조선 후기 이앙법과 광작 등의 보급으로 등장한 부농층(신향)에 해당된다.
③ 중인 중에서 역관은 청과의 외교 업무에 종사하면서 막대한 부를 축적하였으며, 서학 등 외래문화 수용에 선구적 역할을 수행하였다.
④ 조선 후기 중앙의 일부 권반을 제외한 지방 양반의 위세가 약화되고 수령의 권한이 강화되면서 관아의 실무를 담당하는 향리의 위세도 강화되었다. 세도 정치 시기에는 특히 탐관오리들의 횡포가 심각한 문제가 되었는데, 보수를 받지 못하던 향리들도 수령과 함께 농민을 수탈하였다.

05 원 간섭기   정답 ②

자료분석 첨의부는 원 간섭기에 고려가 제후국 체제로 격하되면서 중서문하성과 상서성을 합쳐 개편한 관서이다. 겁령구는 고려 왕과 결혼한 몽골인 왕비가 고려에 올 때 데려 온 수행원 등을 가리키며 사패 등을 이용해 농민들의 토지를 빼앗아 대농장을 경영하였다.

정답분석 ② 원 간섭기에 권문세족 등 지배층을 중심으로 호복과 변발 등 몽골풍이 유행하였다.

선택지분석 ① 몽골의 6차 침입(1254) 때 다인철소 주민들이 충주성을 방어하는 데 공을 세워 익안현으로 승격되었다.
③ 과전법은 고려 말 공양왕 때 실시되었다.
④ 11세기에 순청자가 독자적 경지를 이루었으며, 12세기에는 상감 기법이 개발되어 13세기까지 주류를 이루었다. 원 간섭기 이후에는 북방 가마 기술이 도입되고 청자의 빛깔이 퇴조하면서 분청사기로 바뀌어갔다.

06 현대 경제의 발전   정답 ②

자료분석 휴전 협정은 1953년, 5·16 군사 정변은 1961년, 10월 유신은 1972년, 5·18 민주화 운동은 1980년, 6월 민주 항쟁은 1987년의 사실이다.

정답분석 ② 제2차 경제 개발 계획(1967~1971)에서는 산업 구조 근대화와 자립 경제 확립을 더욱 촉진할 것을 목표로 사회 간접 자본 확충에 나섰으며, 그 결과 1970년에 경부 고속도로가 개통되었다.

선택지분석 ① 농지 개혁법은 1949년에 제헌 국회에서 제정되었다. 1950년부터 시행되어 6·25 전쟁으로 일시 중단되기도 하였다. (가) 이전 시기이다.
③ 1980년대에 저금리·저유가·저달러의 3저 현상이 나타나 수출이 크게 늘어났으며, 1986년에 사상 첫 무역 수지 흑자를 달성하였다. (라) 시기에 해당된다.
④ 1997년 외환위기가 발생하여 국제 통화 기금(IMF)의 구제 금융을 지원받았으며, 이와 함께 국제 통화 기금의 요구에 따라 강력한 신자유주의적 구조조정을 단행하였다. (라) 이후의 사실이다.

07 통일 신라 신문왕   정답 ①

자료분석 자료는 통일 신라의 신문왕에 대한 사료이다. 신문왕은 삼국 통일의 위업을 달성한 아버지 문무왕을 위해 감은사를 세웠으며, 지방 조직을 정비하여 9주 5소경 체제를 완비하였다.

정답분석 ① 신문왕은 유교적 소양을 갖춘 관리를 양성하기 위해 국학을 설립하여 유학 교육을 강화하였다.

선택지분석 ② 6세기 신라 법흥왕은 이차돈의 순교를 계기로 불교를 공인하였다.
③ 8세기 후반 신라 원성왕은 유교 경전의 이해 수준을 시험하여 관리를 채용하는 독서삼품과를 마련하였다.
④ 8세기 전반 신라 성덕왕은 백성들에게 정전을 지급하였다.

08 일본의 침략 과정   정답 ③

정답분석 ㄴ. 1876년 강화도 조약에서 규정된 치외 법권의 내용이다.
ㄱ. 1882년 임오군란 이후 체결된 제물포 조약의 내용이다.
ㄹ. 1885년 갑신정변(1884) 이후 청과 일본이 체결한 톈진 조약의 내용이다.
ㄷ. 1905년 외교권을 박탈당한 을사늑약이다.

09 제1차 갑오개혁   정답 ②

자료분석 1894년 군국기무처 주도로 시행된 제1차 갑오개혁에서 개국 기년의 사용과 문벌 제도 폐지 등을 추진하였다.

정답분석 ② 제1차 갑오개혁에서 과거제를 폐지하고 공·사노비 제도를 혁파하였으며, 과부의 재가를 허용하는 등 봉건적 폐단을 혁파하였다.

선택지분석 ① 군대를 중앙의 친위대와 지방의 진위대로 나눈 것은 을미개혁의 내용이다.
③ 지조법 개혁은 갑신정변 때 급진 개화파가 내세운 개혁 정강의 내용이다.
④ 독립 협회가 주도한 관민 공동회에서 중추원의 근대식 의회로의 개편과 국가 재정의 탁지부 전관 및 예·결산 공포 등을 포함한 헌의 6조를 채택하였다.

10 율곡 이이   정답 ③

자료분석 『대학』을 비롯한 경전과 역사에서 '군주의 학문'에 집중하여 '전하의 덕'에 도움이 되는 요점을 뽑아 정리했다는 내용을 통해 자료가 율곡 이이가 저술한 『성학집요』임을 알 수 있다.

정답분석 ③ 이이는 홍문관 교리로 있으면서 왕도 정치의 요점과 수미법 등 제도 개혁에 대한 내용을 담은 『동호문답』을 저술하였다.

선택지분석 ① 이황에 대한 설명이다. 임진왜란 때 일본에 끌려간 강항 등의 유학자에 의해 이황의 사상이 전해져 일본 성리학 발전에 크게 기여하였다.
② 송시열에 대한 설명이다. 송시열은 제자 권상하에게 유언을 남겨 임진왜란 때 조선을 도와준 명나라 신종(만력제)과 마지막 황제인 의종(숭정제)을 제사하는 만동묘를 짓도록 하였다.
④ 조식에 대한 설명이다. 조식은 성리학을 기본으로 노장 사상이나 불교 등 다양한 사상을 포용하였으며, 경(敬)과 의(義)를 학문의 중심으로 삼고 학문의 실천성을 강조하였다.

11 궁예   정답 ③

자료분석 자료의 밑줄 친 '그'는 후고구려를 건국한 궁예이다. 궁예는 초적 집단인 기훤, 양길 등의 휘하에 있다가 명주를 점령하면서 독자적인 세력을 키웠고, 이후 기훤과 양길의 세력을 흡수하였다. 궁예는 신라 왕실의 후손으로 전해지나, 신라에 대한 강렬한 적대 의식을 가졌다고 한다.

정답분석 ③ 궁예는 신라의 관제를 모방하여 광평성, 내봉성 등의 관제를 마련하였다.

선택지분석 ① 견훤에 대한 설명이다. 견훤이 경주를 습격해 경애왕을 죽이고 경순왕을 세웠으며, 신라를 돕기 위해 출병한 왕건을 공산 전투에서 격파하면서 한동안 후백제가 후삼국의 판도를 주도하였다.
② 고려 태조 왕건은 후삼국 통일 후 취민유도(백성에게 수취하는 도리)를 내세워 전란 중에 과중하게 높아진 조세율을 경감시켰다.
④ 고려 왕건이 친신라 정책을 펼치고 신라 경애왕이 이에 호응하자, 견훤은 경주를 습격해 경애왕을 죽이고 경순왕을 세웠다.

12 중국 상하이   정답 ②

자료분석 밑줄 친 '이곳'은 상하이이다. 상하이에는 서양 열강의 조계가 많아 일본 세력으로부터 보호받을 수 있었고, 열강과 외교에 편리하였기 때문에 대한민국 임시 정부를 상하이에 두게 되었다.

정답분석 ㄱ. 신규식, 여운형 등은 1918년에 상하이에서 항일 운동 단체인 신한 청년단(당)을 결성하였다.
ㄷ. 일제가 상하이를 공격·점령한 상하이 사변(1932) 이후 홍커우 공원에서 전승 기념식을 가지자, 한인 애국단 단원 윤봉길이 단상에 폭탄을 던져 일본 고관과 장성 등을 다수 살상하였다.

선택지분석 ㄴ. 서전서숙과 명동 학교가 설립된 지역은 북간도이다.
ㄹ. 장인환과 전명운이 외교 고문 스티븐스를 저격한 곳은 미국 샌프란시스코이다.

13 신채호   정답 ③

자료분석 자료는 1908년에 신채호가 대한매일신보에 발표한 『독사신론』으로, 민족주의 역사학의 연구 방향을 제시한 것으로 평가된다.

정답분석 ③ 신채호는 이승만의 위임 통치 청원서 사건이 알려지자 이를 극렬히 비판하였으며, 박용만 등과 함께 국민 대표 회의 소집을 주장하였다. 신채호는 국민 대표 회의에서 대한민국 임시 정부를 부정하고 새로운 독립운동 지도 기관을 만들자는 창조파의 입장이었다.

선택지분석 ① 이회영 형제 등 신민회 회원들은 국외 독립운동 기지 건설 운동의 일환으로 서간도 삼원보를 개척하여 주민 단체인 경학사와 무관 학교인 신흥 강습소를 설치하였다.
② 을사늑약 체결 직후 황성신문의 주필 장지연은 '시일야방성대곡'을 게재하여 을사늑약의 침략적 성격과 을사5적 등을 비판하였다.
④ 박은식은 『유교구신론』을 저술하여 성리학 중심의 유교계를 실천적 양명학 중심으로 개혁해야 한다고 주장하였다.

14 족보   정답 ③

자료분석 조상의 이름과 호(號)를 기억하고, 친척 관계를 알아보기 위해 편찬한 (가)는 족보이다.

정답분석 ③ 족보는 가문의 종적인 내력과 횡적인 친소 관계를 기록한 것으로, 16세기 이후 보학이 발전하면서 여러 가문에서 발간되었다. 혈연과 학연은 붕당 형성의 중요 요소로서, 붕당 정치가 시행되면서 족보는 붕당을 구별하거나 혼인 상대를 구하는 데 중요한 자료로 활용되었다.

선택지분석 ① 현재 전하는 가장 오래된 족보는 임진왜란 이전인 15세기 성종 때 편찬된 안동 권씨 성화보이다.
② 조선 초기의 족보는 자녀를 태어난 순서대로 기록하였으며 외손(딸의 자손)까지 기록한 만성보의 성격이 있었다. 조선 후기에는 자녀를 남녀 순으로 기록하였으며, 부계 자손만 기록하는 방식으로 변화해갔다.
④ 지방 사림들이 향촌 지배를 위해 결성한 향약에 대한 설명이다. 향약은 지역별로 조금씩 차이가 있으나 대체로 덕업상권, 과실상규, 예속상교, 환난상휼을 4대 덕목으로 삼았다.

15 6두품   정답 ②

자료분석 밑줄 친 '그'는 신라 하대에 활동한 6두품 출신 유학자인 최치원이다. 당의 빈공과에 급제하고 관직을 지낸 후 신라에 귀국하여 진성여왕에게 시무책 10여 조를 건의하였으나 진골 귀족의 반대로 시행되지 못하자 해인사에 은거하였다고 전해진다.

정답분석 ② 중앙 관부의 최고 책임자인 집사부 시중 및 여타 관부의 령(令)은 진골 귀족만 임명될 수 있었다. 또한 지방 9주의 장관인 도독과 소경의 장관인 사신 및 9서당의 장군 등도 진골이 독점하였다.

선택지분석 ① 골품제는 관등제와 밀접히 연관되어 관등 승진의 한계를 결정하였으며, 6두품은 제6관등 아찬까지 승진할 수 있었다. 이에 삼국 통일을 전후하여 두품족의 불만을 무마하기 위해 중위제라는 특진 제도를 두었다.
③ 신라는 자·비·청·황의 4색 공복제를 시행하였으며, 제5관등 대아찬부터 제1관등 이벌찬까지 자색 공복을 입었다. 따라서 제6관등 아찬까지 승진할 수 있는 6두품은 자색을 제외한 비·청·황색의 공복을 입을 수 있었다.
④ 6두품은 진골 다음가는 신분으로 얻기 어렵다는 의미의 득난(得難)이라고 불리기도 하였다.

16 성리학   정답 ④

자료분석 명륜당은 성균관의 강학당으로, 밑줄 친 '이 사상'은 성리학이다. 안향이 원에서 성리학을 처음 도입하였으며, 이제현과 박충좌 등에게 영향을 주었다. 이제현은 이색 등에게 영향을 주었고, 공민왕 때 이색이 성균관 대사성에 임명되어 성리학을 강의하면서 성리학이 본격적으로 확산되었다.

정답분석 ④ 고려 말 신진 사대부는 성리학을 사회 개혁 사상으로 받아들여 권문세족 및 그와 결탁한 불교계의 횡포를 비판하였다.

선택지분석 ① 조선 후기에 청의 고증학이 전래되어 실사구시의 학풍이 일어나면서 우리 민족의 역사와 현실, 문화 등을 자각하면서 실학 및 국학이 발달하는 배경이 되었다.
② 정제두는 강화도에 은거하면서 양지와 지행합일을 강조한 양명학을 집대성하였다.
③ 소격서는 초제 등 도교 행사를 주관하는 관청이다.

17 7세기 삼국의 정세   정답 ③

자료분석 (가) 진덕여왕 때 나·당 동맹이 체결(648)되자, 진덕여왕은 그 답례로 당에 오언태평송을 지어 보내고 당의 연호와 관복 제도를 받아들였다. (나) 당은 백제 멸망 후 웅진 도독부(660), 계림 도독부(663)를 설치해 한반도 전체를 차지할 야욕을 드러냈으며, 그 일환으로 665년에 부여융을 웅진 도독으로 삼고 신라와 취리산 회맹을 맺도록 강요하였다.

정답분석 ③ 왜가 백제에 보낸 구원군이 백강 입구 전투에서 나·당 연합군에 의해 패하고, 주류성이 함락되면서 백제 부흥 운동이 종결되었다(663).

선택지분석 ① 백제 의자왕이 장군 윤충을 보내 신라의 대야성을 함락(642)시키자, 위기에 빠진 신라는 김춘추를 보내 당에 동맹을 청하는 외교를 시작하였다. (가) 이전의 일이다.

② 고구려 멸망 이후 신라는 당의 한반도 지배 야욕에 맞서 나·당 전쟁을 전개하였다. 신라는 675년에 매소성에서 당군을 격파하고, 676년 기벌포 해전에서 승리하여 나·당 전쟁에 승리하였다. (나) 이후의 일이다.

④ 고구려 멸망(668) 이후 검모잠이 왕족 안승을 추대하고 한성(황해도 재령)에서 부흥 운동을 전개하였다. (나) 이후의 일이다.

18 장면 내각   정답 ③

자료분석 제시된 자료는 3·15 부정 선거 및 이승만 정권 시기의 부정 축재자를 처벌하는 소급 입법을 규정한 제4차 개헌 헌법으로, 장면 내각 시기에 이루어진 개헌이다.

정답분석 ③ 4·19 혁명 이후 제3차 개헌에 따라 민의원과 참의원의 양원제 국회가 성립되었으며, 이 국회에서 윤보선 대통령을 선출하였다. 이어 대통령이 국무총리 장면을 임명하여 장면 내각이 수립되었다.

선택지분석 ① 제헌 국회는 헌법을 제정하는 국회라는 특수성을 고려하여 임기를 2년으로 제한하였다.

② 유신 체제 말기인 1979년에 민주공화당과 유신정우회 등이 당시 야당인 신민당 총재 김영삼의 박정희 비판을 문제 삼아 국회의원직에서 제명하였다. 이는 부·마 민주 항쟁이 전개되는 등 유신 체제 몰락의 배경이 되었다.

④ 유신 체제에서는 대통령이 국회의원 정수의 1/3을 추천하고 이를 통일 주체 국민회의에서 선출하도록 하여 대통령이 사실상 국회를 장악하도록 하였다.

19 조선 성종   정답 ③

자료분석 제시문은 성종 때 시행된 관수관급제(1470)에 대한 내용이다. 과전법이나 직전법에서는 관리에게 수조권을 지급하였으며, 관리들은 농민들에게 직접 1/10의 조를 거두었다. 그런데 관리들이 규정보다 더 많은 조를 걷는 경우가 많아 민생에 어려움을 일으켰다. 이에 성종 때 조를 국가에서 직접 거두어 관리에게 나누어 주는 관수관급제를 시행하였다.

정답분석 ③ 세조 때 집현전 학사들을 중심으로 단종 복위 운동이 전개되자, 세조는 이를 진압하고 집현전을 폐지하였다. 성종 때 집현전을 계승한 홍문관을 설치하여 학술적 자문과 경연 등을 주관하게 하였다.

선택지분석 ① 세종 때 식자판을 조립하는 방식을 개발하여 기존의 밀납으로 활자를 고정하던 방식보다 안정적으로 인쇄할 수 있게 되었다.

② 세조 때 보법을 정비하고 전국에 지역 단위의 방어 체제인 진관 체제를 시행하였다.

④ 명종 때 인종의 외척인 윤임과 명종의 외척인 윤원형 간의 갈등으로 사림들이 피해를 입은 을사사화가 일어났다.

20 토지 조사 사업과 산미 증식 계획   정답 ③

자료분석 (가)는 1910년대 토지 조사 사업, (나)는 1920년대 산미 증식 계획과 관련된 내용이다. 토지 조사 사업으로 농민들은 소유권과 경작권을 상실하고 기한부 계약에 의한 소작농으로 전락하였다. 한편 산미 증식 계획의 결과 과도하게 쌀 생산에 편중되어 농촌 경제가 취약해지는 결과를 낳았다. 또한 소작농은 수리 조합비, 증산에 투입된 운반비 등도 부담하여 더욱 생활이 악화되었다.

정답분석 ③ 산미 증식 계획으로 인한 증산량보다 수탈량이 훨씬 많았기 때문에 농민들이 기아에 허덕이게 되었다. 이에 따라 조선에서는 만주에서 수입한 잡곡으로 연명하는 현상이 나타났다.

선택지분석 ① 지계 발급은 대한 제국 시기 광무개혁의 일환으로 추진되었다.

② 농촌 진흥 운동은 1930년대에 추진되었다.

④ 지주들은 쌀을 일본으로 수출할 수 있었기 때문에 대체로 이익을 얻었다. 반면 자작농과 자소작농은 몰락하여 소작농이 되거나 토지에서 유리되어 화전민이 되는 경우가 많았다.

제5회 실전형 봉투 모의고사

01	02	03	04	05	06	07	08	09	10
④	④	①	①	②	②	③	④	②	①
11	12	13	14	15	16	17	18	19	20
①	①	④	④	③	①	③	③	②	④

01 조선 전기의 경제   정답 ④

자료분석 조선 초기 관학파는 건국 과정의 문물 제도 정비와 부국강병을 위해 다양한 사상에 포용적이었다. 또한 조선 건국의 정당성과 자신감을 바탕으로 자주적 민족 문화를 발전시켰다. 즉, 조선 전기의 문화에 대한 설명이다.

정답분석 ④ 조선 전기에는 시비법이 발달하여 밑거름과 덧거름을 주게 되면서 휴경하지 않고 매년 농경지를 경작하게 되었다.

선택지분석 ① 조선 후기의 상황이다. 조선 전기에는 가뭄 때의 피해를 우려해 이앙법 시행을 금지하였고, 기후 조건이 좋은 남부 일부 지역에서만 시행되었다.
② 철제 농기구는 철기 시대부터 사용되었다. 우경은 6세기 신라 지증왕 때 처음 장려한 기록이 나오지만, 그 이전부터 시작된 것으로 보인다.
③ 장시는 15세기 말에 등장하였으나 전국적으로 확대된 것은 16세기이다. 조선 후기에 상품 화폐 경제가 발전하면서 대규모 자본으로 매점매석을 행하는 도고가 등장하였다.

02 조선의 중앙 정치 기구   정답 ④

자료분석 (가)는 간쟁을 담당한 사간원, (나)는 백관의 규찰을 담당한 사헌부, (다)는 학술 기구인 홍문관이다.

정답분석 ④ 사간원과 사헌부를 합쳐 대간이라고 하였는데, 대간은 의정부의 의안이나 5품 이하 관리의 임명 등에 대해 적합한지 여부를 조사하여 동의하거나 혹은 반려하는 서경의 권한이 있었다.

선택지분석 ① 사간원은 고려 시대 중서문하성의 낭사를 계승하였다. 어사대를 계승한 것은 백관을 감찰하는 사헌부이다.
② 홍문관은 왕의 학문적 자문을 담당하였으며, 모두 경연관을 겸직하였다.
③ 승정원에 대한 설명이다. 승정원은 왕의 비서 기관으로서 왕에게 올라가는 상소와 왕명의 출납 등을 담당하였다. 승정원의 하급 관원인 주서는 매일 왕과 신하 사이에 오간 문서와 왕의 언동 등을 기록하였는데, 이것이 『승정원일기』이다.

03 일본과 체결한 주요 조약   정답 ①

자료분석 (가)는 제물포 조약(1882), (나)는 개정 조·일 통상 장정(1883), (다)는 강화도 조약(조·일 수호 조규, 1876)이다.

정답분석 ① 한성 조약(1884)에 대한 설명이다. 제물포 조약은 임오군란 이후에 체결되었다.

선택지분석 ② 개정 조·일 통상 장정에서 저율이지만 관세를 설정할 수 있게 되었으며 방곡령에 관한 절차를 규정하였다. 그 대가로 일본에 대한 최혜국 대우를 인정하였다.
③ 강화도 조약은 외국과 맺은 최초의 근대적 조약이었으나, 해안 측량권과 영사 재판권 등을 인정한 불평등 조약이었다.
④ (다) 강화도 조약 - (가) 제물포 조약 - (나) 개정 조·일 통상 장정 순으로 체결되었다.

04 김영삼 정부   정답 ①

자료분석 제시된 자료는 1996년 1월 발표한 새해 국정 운영에 관한 대통령 담화로, 1995년 역사 바로 세우기의 일환으로 조선 총독부 철거를 시작했음을 알리고 있다. 이는 김영삼 정부 시기의 사실이다.

정답분석 ① 노태우 정부 때 지방 의회 의원 선거를 실시하여 부분적으로 지방 자치제를 실시하였고, 김영삼 정부 시기에 지방 자치 단체장 선거까지 이루어지면서 지방 자치제가 전면 실시되었다.

선택지분석 ② 박정희 정부 시기인 1972년에 7·4 남북 공동 성명을 발표하면서 서울과 평양 사이에 직통 전화 개설과 남북 조절 위원회 구성에 합의하였다.
③ 김대중 정부 시기인 2002년에 중학교 무상 교육이 전면 실시되었다.
④ 노태우 정부 시기에 사회주의권에 문호를 개방하는 북방 정책을 추진하여 1992년에 중국과 수교하였다.

05 조선 후기 역사서   정답 ②

자료분석 자료는 성호 이익이 주장한 마한(삼한) 정통론이다. 이익은 기존의 단군 - 기자 - 위만 조선으로 이해하던 고조선의 역사 인식에서 벗어나, 위만은 찬탈자이며 준왕이 마한으로 이동하였으므로 마한으로 정통이 이어진다는 마한 정통론을 주장하였다. 또한 마한이 멸망하고 난 뒤 삼국은 서로 병립하였으므로 무통으로 간주하였다.

정답분석 ② 이익의 제자인 안정복은 마한 정통론을 계승하여, 독자적인 정통론 인식과 문헌 고증 방식의 양면을 집대성하여 통사(通史)인 『동사강목』을 편찬하였다. 단군 - 기자 - 마한 - 삼국(무통) - 통일 신라 - 고려까지의 역사를 서술하였으며, 치밀한 고증을 통해 고증 사학의 토대를 마련하였다.

선택지분석 ① 『연려실기술』은 이긍익이 조선 시대의 정치와 문화를 야사 중심으로 정리한 역사서이다.
③ 『기자실기』는 율곡 이이가 저술한 것으로, 16세기 사림의 기자 존숭 의식을 보여 준다.
④ 『발해고』는 유득공이 발해사 연구를 심화시킨 것으로, 남북국 시대론을 처음 제기하였다.

06 광개토 대왕   정답 ②

자료분석 신라 내물왕 때 가야·왜 세력이 신라를 침략하자, 내물왕의 요청을 받은 고구려 광개토 대왕이 신라에 원병을 보내 가야·왜 연합군을 격파하였다. 그 결과 신라가 한동안 고구려의 정치적 간섭을 받았으며, 금관가야가 타격을 입고 전기 가야 연맹이 해체되었다.

정답분석 ② 광개토 대왕은 '영락'이라는 연호를 사용하고, 백제와 신라를 복속된 나라라고 보는 등 독자적 천하관을 드러냈다.

선택지분석 ① 4세기 초 미천왕 때 서안평을 점령하여 중국과 한 군현 세력의 연결을 끊은 후 낙랑과 대방을 공격하여 중국 세력을 축출하였다.
③ 광개토 대왕의 공적을 기록한 광개토대왕릉비는 중국 집안 지역에서 발견되었다. 충주에서 발견된 충주 고구려비는 한반도 내에서 발견된 유일한 고구려 금석문으로, 당시 신라가 고구려의 정치적 영향을 받고 있었음을 보여 준다.
④ 7세기 영류왕 때 당에 대비하여 부여성에서 비사성에 이르는 천리장성을 축조하기 시작하였다. 공사를 맡은 연개소문이 정변을 일으켜 영류왕을 살해하고 보장왕을 세웠으며, 보장왕 때 천리장성이 완공되었다.

07 수신사 정답 ③

자료분석 일본에 세 차례에 걸쳐 파견된 '사절단'은 수신사이다. 강화도 조약 이후 1876년에 제1차 수신사 김기수, 1880년에 제2차 수신사 김홍집, 1882년에 제3차 수신사 박영효 등이 일본에 파견되었다.

정답분석 ③ 제2차 수신사로 파견되었던 김홍집은 청의 외교관인 황쭌셴(황준헌)으로부터 『조선책략』을 받아 국내에 소개하였다. 고종은 이 책을 관료들에게 배포하였는데, 이에 반발하여 이만손 등 영남 유생들이 만인소를 올리기도 하였다.

선택지분석 ① 청에 파견된 영선사(1881)에 대한 설명이다.
② 일본에 파견된 조사 시찰단(1881)에 대한 설명이다.
④ 미국에 파견된 보빙사(1883)에 대한 설명이다.

08 삼별초 정답 ④

자료분석 '배중손 등은 난을 일으켜' 등을 통해 밑줄 친 '부대'가 삼별초임을 알 수 있다. 고려 정부가 몽골과 강화를 맺고 개경으로 환도하자, 삼별초는 배중손의 지휘 아래 반기를 들었다.

정답분석 ④ 삼별초는 승화후 왕온을 추대하여 독자적인 정부를 수립하고, 진도와 제주도로 근거지를 옮기며 3년 동안 저항하였으나 여·몽 연합군에게 진압되었다. 삼별초는 일본에 외교 문서를 보내 함께 몽골에 대항하자고 요청하기도 하였다.

선택지분석 ① 고려의 중앙군인 2군 6위는 상장군과 대장군이 지휘하였다.
② 경대승은 신변을 보호하기 위해 사병 집단인 도방을 두었다. 경대승 사망 후 폐지되었다가 최충헌 때 다시 설치하였다.
③ 윤관의 건의로 조직된 별무반에 대한 설명이다.

09 8세기 통일 신라와 발해 정답 ②

자료분석 발해 무왕 때 당이 발해 배후의 흑수말갈에 접근하자 무왕은 산동 반도의 등주를 선제공격하였다(732). 이에 당은 신라에 지원을 요청하였으며, 신라 성덕왕은 발해 남쪽 국경을 공격하였다. 이로 인해 당은 신라의 대동강 이남 영유권을 공식적으로 인정하게 되었다.

정답분석 ② 신라 성덕왕 때 일반 백성들에게 정전을 지급하였다(722). 이는 실제로 토지를 지급한 것이 아니라 강화된 왕권을 바탕으로 백성들의 민전에 대한 소유권을 재확인하여 귀족들로부터 농민을 보호한 조치로 여겨진다.

선택지분석 ① 발해는 문왕 때 중경에서 상경, 상경에서 동경으로 천도하였다. 이후 제5대 성왕 때 수도를 동경 용원부에서 상경 용천부로 옮긴 후 멸망 때까지 상경에 수도를 두었다.
③ 신라 하대 원성왕 때 독서삼품과를 설치(788)하여 유교 경전의 이해도를 시험하여 관리를 선발하였다.
④ 발해는 9세기 선왕 때 최대 판도를 이루었으며 5경 15부 62주의 지방 제도를 정비하였다.

10 대한 제국 정답 ①

자료분석 제시된 자료는 대한 제국 수립 당시에 국호를 정하면서 나왔던 논의이다. 대한 제국은 황제의 전제 군주권을 강화하는 한편, 구본신참의 시정 방침에 따라 근대 개혁을 추진하고 독립을 유지하고자 하였다.

정답분석 ㄱ. 대한 제국은 1902년에 이범윤을 간도 시찰사로 파견하였으며, 1903년에는 간도 관리사로 임명하여 간도 지역 주민들을 보호하도록 하였다.
ㄷ. 대한 제국은 원수부를 설치하여 황제가 육·해군을 통솔하도록 하고, 서울의 시위대와 지방의 진위대 군사 수를 대폭 늘렸다.

선택지분석 ㄴ. 궁내부는 왕실에 관한 업무를 담당하던 관청으로, 제1차 갑오개혁 때 궁내부를 설치하여 왕실 사무와 국정 사무를 분리하고자 하였다.
ㄹ. 홍범 14조는 1894년 12월에 고종이 종묘에 나아가 독립 서고문과 함께 반포한 것으로, 제2차 갑오개혁의 개혁 방향을 밝힌 것이다.

11 신라 지증왕 정답 ①

자료분석 밑줄 친 '왕'은 신라 지증왕이다. 신라의 왕호는 거서간, 차차웅, 이사금, 마립간 등으로 변하였다. 지증왕 때 이르러 국호를 신라로 확정하고 왕의 호칭을 사용하였다.

정답분석 ① 신라 지증왕 때 실직주 군주 이사부를 보내 우산국(울릉도)을 복속시켰다.

선택지분석 ② 신라 진흥왕 때 씨족 사회의 청소년 집단에서 유래한 화랑도를 국가적 인재 양성 조직으로 개편하였다.
③ 신라 법흥왕 때 '건원'이라는 독자적 연호를 사용하였다.
④ 신라 내물왕 때 김씨의 왕위 계승권을 확립하였으며, 왕호도 마립간으로 바꾸었다.

12 백범 김구 정답 ①

자료분석 제시된 연표는 김구에 대한 내용이다. 김구는 임시 정부 수립 당시 경무국장을 지냈는데 이는 경찰 기구에 해당하며 밀정 처단 등의 역할을 하였다. 1940년 충칭에 정착한 후에는 주석으로서 건국 준비를 이끌었다.

정답분석 ① 국민 대표 회의 이후 독립운동 진영이 분열되면서 임시 정부가 침체되자, 김구는 이를 타개하기 위해 1931년에 한인 애국단을 창설하였다.

선택지분석 ② 신채호, 박용만 등 대체로 만주와 연해주 일대에서 활동하던 무장 투쟁론자들이 국민 대표 회의의 소집을 주장하였다. 회의에서는 개조파와 창조파가 대립하였으며, 김구는 임시 정부 고수론 입장에서 국민 대표 회의 개최를 부정하였다.
③ 좌우 합작 위원회는 1946년에 결성되었으며 김구는 참여하지 않았다.
④ 반민특위는 독립운동 경력이 있는 국회의원 중 10명이 선임되었으며 위원장에 김상덕이 선출되었다. 김구는 5·10 총선거에 불참하여 제헌 국회의원이 아니었다.

13 원효의 활동 정답 ④

자료분석 자료는 통일 신라의 승려였던 원효에 대한 내용이다. 원효는 스스로 소성거사로 칭하고 광대 복장을 하고 화엄경의 이치를 담은 '무애가'를 지어 불렀다. 또한 아미타 신앙을 전파하여 '나무아미타불'을 외움으로써 아미타불의 정토에 갈 수 있음을 전파하여 불교 대중화에 기여하였다.

정답분석 ④ 원효는 『금강삼매경론』, 『십문화쟁론』, 『대승기신론소』 등을 저술하였다.

선택지분석 ① 도의는 오랫동안 중국에 머물렀는데, 9세기경 중국으로부터 남종선을 들여와 염거, 체징 등을 통해 전수하여 9산 선문 중의 하나인 장흥 가지산파의 개산 시조로 추대되었다.
② 원광은 진평왕의 요청으로 수나라에 고구려 원정을 청하는 '걸사표(乞師表)'를 지었다.
③ 고려 무신 집권기에 요세는 강진 만덕사에서 법화 신앙에 바탕을 두고 참회 수행을 강조하는 백련 결사를 제창하여 지방민의 호응을 얻었다.

나, 진골 귀족의 반대로 시행되지 못하였다.
선택지분석 ② 견훤은 전라도 지방의 군사력과 호족 세력을 토대로 세력을 키워 진성여왕 때인 892년 무진주(광주)를 점령하고, 효공왕 때인 900년에 완산주(전주)에 도읍하여 후백제를 건국하였다.
③ 장보고는 흥덕왕 때 청해진을 설치하여 서남해의 무역권을 장악하였으며, 중앙의 왕위 쟁탈전에 개입하여 신무왕의 즉위에 도움을 주기도 하였다.
④ 김헌창의 난은 헌덕왕 때인 822년에 일어났다.

14 삼국의 각축 정답 ④

자료분석 (가) 백제 개로왕이 북위에 고구려를 공격해달라는 내용을 담아 보낸 국서로, 5세기 말의 사실이다(472). (나) 신라 진흥왕 때 이찬 이사부의 건의로 역사서인 『국사』를 편찬하게 한 사실로, 6세기 중반의 사실이다(545).
정답분석 ④ 5세기 말에서 6세기 초에는 백제와 신라가 고구려에 대응하는 형세가 나타났으며, 그 사이에 후기 가야 연맹을 이끌던 대가야는 전성기를 맞이하여 소백산맥 서쪽의 남원·임실 지역까지 진출하였다.
선택지분석
① 6세기 말 고구려 영양왕 때 온달이 신라로부터 한강 유역을 탈환하려 출정하였다가 아단성에서 전사하였다(590). 이는 신라 진평왕 재위 시기이다.
② 7세기에 백제 무왕은 익산으로 천도를 시도하면서 왕궁리 유적과 미륵사지 석탑 등을 건립하였다. 미륵사지 석탑은 목탑 양식으로 건립되었으며, 우리나라에서 가장 오래된 석탑으로 평가된다.
③ 신라는 6세기 초 법흥왕 때 병부를 설치한 것을 시작으로, 6세기 말 진평왕 때 위화부 등 여러 관서를 설치하였으며, 통일 이후 신문왕 때 공장부 등을 설치하면서 14부의 중앙 관서가 갖추어졌다.

17 묘청의 서경 천도 운동 정답 ③

자료분석 자료는 고려 인종 때 일어난 묘청의 서경 천도 운동과 관련된 내용이다. 신채호는 묘청 등 서경파 세력을 독립당·국풍파 등 자주적·독립적 세력으로, 김부식 등 개경파 문벌 귀족을 사대당·한학파 등으로 평가하면서 김부식의 승리로 조선의 역사가 사대적으로 흘러갔다고 진단하고 이를 일천년래 제일 대사건이라고 평가하였다.
정답분석 ③ 묘청 등 서경파의 주장에 따라 서경에 대화궁을 짓는 등 서경 천도가 일정 부분 추진되었으나, 개경파 귀족의 반대로 무산되었다. 이에 묘청 등은 서경에서 국호를 대위, 연호를 천개로 하고 난을 일으켰다.
선택지분석 ① 김부식 등 개경파 문벌 귀족이 신라 계승 의식을 내세웠으며, 묘청 등 서경파 세력은 고구려 계승 의식을 표방하였다.
② 분사 제도는 서경을 중시하여 서경에 개경의 관아를 모방하여 분사를 설치하고 우대하던 제도로, 태조 때부터 설치되기 시작하여 예종 때 완성되었다. 묘청의 난 이후 서경이 격하되고 대부분의 분사가 폐지되었으며, 몇 개 남아 있던 관청은 조위총의 난(1174) 이후 완전히 폐지되었다.
④ 조선 후기에 발생한 홍경래의 난에 대한 설명이다. 묘청 등은 서경을 근거로 항전하였으며 1년여간의 저항 끝에 서경이 함락되면서 진압되었다.

15 고려 숙종 정답 ③

자료분석 은병(활구)의 제작을 통해 밑줄 친 '왕'이 고려 숙종임을 알 수 있다. 숙종은 의천의 주장을 받아들여 주전도감을 설치하고(1097), 은병이라고도 하는 고액 화폐인 활구(1101)와 삼한통보·해동통보·해동중보(1102) 등 동전을 발행하였다.
정답분석 ③ 고려 숙종 때 김위제가 『도선비기』를 인용하여 목멱양(현재의 한양) 길지설과 천도를 주장하였다. 이에 목멱양을 남경으로 승격시키고 남경 창건을 관장하는 남경개창도감을 설치하였다.
선택지분석 ① 목종의 모후인 천추태후가 전횡을 저지르며 왕위까지 넘보자, 서북면 도순검사 강조가 난을 일으켜 목종을 폐위하고 대량원군(현종)을 옹립하였다(1009).
② 경종 때 4색 공복과 인품을 기준으로 전·현직 관리에게 전지와 시지를 지급하는 시정 전시과를 시행하였다(976).
④ 문헌공도를 비롯한 사학이 성행하자, 예종 때 관학 진흥을 위해 국자감에 전문 강좌인 7재를 개설하고 장학 재단인 양현고를 설치하였다.

18 고조선 정답 ③

자료분석 제시된 자료는 단군의 고조선 건국 이야기이다.
정답분석 ③ 고조선은 환웅으로 표현되는 우세한 부족이 곰 토템 부족 등과 연합한 연맹 왕국으로 시작되었을 것으로 추정된다. 그러나 고조선은 청동기 문화를 바탕으로 성립되었다.
선택지분석 ① 풍백, 우사, 운사는 농경에 중요한 영향을 미치는 날씨를 나타낸 것으로, 농경 사회를 기반으로 하였음을 추측할 수 있다.
② 단군은 제사장, 왕검은 정치적 지배자를 가리키며 지배자의 명칭이 단군왕검이었다는 데서 제정일치 사회임을 알 수 있다.
④ 환웅 부족의 출신을 하늘과 연결시켜 우월성과 지배의 정당성을 확보하는 선민사상이 나타나 있다.

16 진성여왕 정답 ①

자료분석 제시된 자료는 신라 하대 진성여왕 대에 발생한 원종과 애노의 난(889)과 적고적의 난(896)에 대한 내용이다. 따라서 밑줄 친 '왕'은 진성여왕이다.
정답분석 ① 진성여왕 때 당에서 귀국한 최치원은 시무책 10여 조를 건의하였으

19 정조의 업적 정답 ②

자료분석 자료는 조선 후기 정조 때 금난전권을 철폐하는 신해통공(1791)과 관련된 내용이다.
정답분석 ② 정조는 학문 및 정책 연구 기관으로 규장각을 설립하고, 그곳에서 40세 이하의 젊은 관리를 재교육시키는 초계문신제를 시행하여 개혁 정치의 정치적 기반으로 삼으려 하였다.

선택지분석 ① 영조는 왕의 논리에 동의하는 각 붕당의 온건파, 즉 탕평파를 중심으로 완론 탕평을 펼쳤다.
③ 순조가 즉위한 후 정순왕후의 대리청정으로 집권한 벽파가 신유박해를 일으켜 천주교를 대대적으로 탄압하였다. 이때 황사영이 북경의 프랑스 주교에게 군대를 동원해 조선에서 신앙의 자유를 얻게 해달라는 백서를 보내려다 발각되었다.
④ 숙종 때 안용복은 독도 인근에 일본 어민이 출몰하는 것을 보고, 일본에 건너가 독도가 조선 영토이므로 일본 어민의 출어를 금지해달라고 요청하여 일본의 확인을 받고 돌아왔다.

20 1910년대 국내 민족 운동   정답 ④

자료분석 제시된 자료는 1910년에 공포되어 1920년에 폐지된 회사령의 내용이다.
정답분석 ㄴ. 박상진을 중심으로 군대식으로 조직된 대한 광복회는 1910년대에 가장 활발한 활동을 펼친 비밀 결사 단체로, 공화정체의 국민 국가 수립을 지향하였다(1915~1919).
ㄹ. 임병찬이 고종의 밀명을 받고 조직한 독립 의군부에 대한 설명이다(1912~1914).
선택지분석
ㄱ. 1920년대에 독서회 등 학생 조직이 활발히 조직되어 동맹 휴학 등을 전개하였다. 이를 배경으로 6·10 만세 운동과 광주 학생 항일 운동 등이 전개되어 학생들이 국내 독립운동의 중심적 역할로 떠올랐다.
ㄷ. 원산 총파업은 1929년에 일어났다.

제6회 실전형 봉투 모의고사

01	02	03	04	05	06	07	08	09	10
①	②	③	①	③	②	④	③	②	②
11	12	13	14	15	16	17	18	19	20
②	①	③	③	④	②	②	③	②	①

01 고려의 전시과 제도   정답 ①

자료분석 자료의 '공음전', '구분전' 등을 통해 고려의 전시과 제도에 대한 내용임을 알 수 있다.
정답분석 ㄱ. 고려 시대에는 문무 관리로부터 군인, 한인에 이르기까지 18등급으로 나누어 곡물을 수취할 수 있는 전지와 땔감을 얻을 수 있는 시지를 나누어 주었다.
ㄷ. 군인은 군인전, 향리는 외역전을 지급받았으며 직역을 세습하면 그 토지를 함께 세습하도록 하는 전정연립을 시행하였다.
선택지분석 ㄴ. 전시과는 전국 토지를 대상으로 하였다. 고려 말기에 마련된 과전법에서 경기 지방의 토지에 한하여 수조권을 지급하였다.
ㄹ. 내장전은 왕실 경비를 충당하기 위해 지급한 토지이며, 관청에는 공해전을 지급하였다.

02 대한매일신보와 제국신문   정답 ②

자료분석 (가)는 영국인 베델이 사장으로 있었던 대한매일신보이다. (나)는 국문으로 발행하고 대한 제국의 이름을 따서 명칭을 붙인 제국신문이다.
정답분석 ② 대한매일신보는 영국인이 발행인이었으므로, 신문지법(1907) 적용에서 벗어나 있었다. 그러나 대한매일신보가 일제를 강경하게 비판하자, 일제는 1908년 신문지법 개정을 통해 대한매일신보도 규제하기 시작하였다.
선택지분석 ① 최초의 상업 광고가 실린 신문은 한성주보이다.
③ 황성신문에 대한 설명이다. 을사늑약이 체결되자 황성신문은 이를 비판하는 장지연의 '시일야방성대곡'을 게재하고 조약 체결의 전말을 담은 '오건조약청체전말'이라는 기사를 실었다. '시일야방성대곡'은 며칠 후 대한매일신보에도 게재되었다.
④ 천도교 기관지인 만세보는 국민 교육에 관심을 가지고, 일진회가 발간하는 국민신보에 대항하여 민중 계몽에 노력하였다.

03 세도 정치 시기   정답 ③

자료분석 자료에서 중앙의 고관들이 지방 수령들의 뇌물을 받는데만 골몰하고 있다는 데서 조선 후기 세도 정치 시기임을 알 수 있다. 세도 정치 시기에는 비변사의 고위 관원들을 중심으로 정치가 운영되면서 정치 기강이 해이해지고 매관매직이 성행하였으며, 이에 따라 전정·군정·환곡에 대한 지방 수령과 아전의 수탈이 극심해졌다.
정답분석 ㄴ. 세도 정치 시기에는 특정 가문이 고위 관직을 독점하면서 지방 양반들은 관직에 나갈 길이 막히게 되었다. 이에 따라 양반들은 향촌에서 겨우 위세를 유지하는 향반, 평민과 다를 바 없는 처지로 전락한 잔반 등으로 분화되었다.
ㄷ. 세도 정치 시기에는 특정 가문이 비변사의 고위 관직을 차지하고 모든 정무를 처리하였다. 이에 따라 의정부와 6조의 행정 체계가 유명무실해졌으며, 왕권도 약화되었다.

선택지분석 ㄱ. 3사의 관원들은 공론을 주재하는 언론 기능을 수행하면서 관직은 낮지만 정치적으로 중요한 역할을 하였다. 그러나 붕당 간의 대립조차 무의미해진 세도 정치 시기에는 그 정치적 의미를 상실하였다.
ㄹ. 현종 때 효종의 왕위 계승의 정통성을 두고 서인과 남인 사이에 두 차례 예송이 일어났다.

04 일제의 식민지 정책 정답 ①

정답분석 ㄴ. 1912년에 공포된 토지 조사령의 내용이다.
ㄷ. 1925년에 공포된 치안 유지법의 내용이다.
ㄹ. 1934년에 공포된 조선 농지령의 내용이다.
ㄱ. 1938년에 공포된 국민 총동원법의 내용이다.

05 16세기의 사회 혼란 정답 ③

자료분석 자료의 임꺽정 등은 16세기 명종 때의 대표적인 도적이며, 남치근·서림 등은 그 일당이었다. 16세기에 이르러 훈구 세력의 대농장 확대와 지주 전호제 확산으로 대부분의 농민이 소작농으로 전락하면서 유민이 발생하고 임꺽정과 같은 도적이 나타났다.
정답분석 ③ 중종 때 풍기 군수 주세붕이 안향을 배향하는 백운동 서원을 건립한 이후 지방 사림들이 곳곳에서 지역이나 가문·학파와 연고 있는 선현을 배향하는 서원을 건립하였다.
선택지분석 ① 상평통보는 숙종 때 주조되어 전국적으로 유통되었다.
② 세조 때 직전법을 시행하면서 수신전, 휼양전 등 세습되던 토지를 폐지하였다.
④ 성종 때 관수관급제를 실시해 관청에서 조세를 거두어 관리에게 나누어 주게 하면서, 관리는 자신의 과전에서 직접 조세를 거둘 수 없게 되었다. 명종 때는 직전법이 폐지되어 수조권을 지급하는 제도가 사라졌다.

06 신라 진흥왕 정답 ②

자료분석 6세기 신라 진흥왕은 활발한 정복 활동을 펼치며 신라의 전성기를 이끌었다. 진흥왕은 개국·대창·홍제 등의 독자적 연호를 사용하였으며, 대가야의 악사인 우륵이 신라에 귀순하자 그를 국원(충북 충주)에 머물게 하고 가야금의 맥을 잇도록 하였다.
정답분석 ② 신라 진흥왕은 한강 상류에 해당하는 단양 지역에 진출하여 성을 쌓고, 단양 적성비를 건립하였다.
선택지분석 ① 6세기 초 신라 지증왕 때의 사실이다.
③ 신라 내물왕 때 가야·왜 연합 세력이 신라를 공격하였으나, 고구려 광개토 대왕이 개입하여 이를 격퇴하였다(400). 이 과정에서 금관가야가 큰 타격을 입어 5세기 초에 전기 가야 연맹이 해체되었다.
④ 6세기 말 신라 진평왕 때 승려 원광이 화랑들의 요청을 받아 불교·유교 등의 덕목이 융합된 세속 5계를 화랑의 규범으로 제시하였다.

07 윤봉길 의거의 영향 정답 ④

자료분석 제시문은 윤봉길 의거에 관한 내용이다. 1932년 윤봉길은 상하이 훙커우 공원에서 열린 상하이 사변 승전 기념 및 천장절(일본 국왕의 생일) 기념식장에서 폭탄을 던져 일본군 장군과 고관들을 죽이거나 부상을 입혔다.
정답분석 ④ 윤봉길의 의거 후 김구는 중국 국민당의 장제스를 만나 대한민국 임시 정부에 대한 중국의 지원과 더불어 우리 민족이 중국 내에서 무장 투쟁을 준비하는 것을 허용하는 약속을 받아냈다.
선택지분석 ① 한인 애국단은 1931년에 결성되었고, 한인 애국단 소속 윤봉길의 의거는 1932년에 있었다.
② 천마산대와 보합단은 3·1 운동 이후 국내에서 무장 투쟁을 전개한 단체이다.
③ 민족 혁명당은 민족 유일당 건설을 목표로 1935년에 조직된 단체이다. 김원봉의 의열단, 지청천의 조선 혁명당, 조소앙의 한국 독립당 등 중국 관내 여러 단체가 연합하였으나 김구가 이끄는 대한민국 임시 정부 세력은 참여하지 않고 한국 국민당을 창당하였다.

08 개항 이후의 모습 정답 ③

자료분석 강화도 조약은 1876년, 2차 수신사 파견은 1880년, 우정총국 개국은 1884년, 고부 봉기는 1894년, 아관파천은 1896년의 일이다.
정답분석 ③ 김옥균 등 급진 개화파는 우정총국 개국 축하연을 계기로 갑신정변을 일으켰으나 3일 만에 실패하였다. 이후 청의 내정 간섭이 심해지자 조선이 러시아에 접근하였고, 이에 반발해 영국이 거문도를 점령하는 등 조선을 둘러싼 열강의 대립이 심해지자, 독일 영사 부들러와 유길준 등은 조선 중립화론을 제시하였다.
선택지분석 ① 1881년에 기존의 5군영을 2영으로 축소하고 신식 군대인 별기군을 창설하였다. 신식 군인과의 차별 대우에 불만을 품은 구식 군인들이 1882년에 임오군란을 일으켰다. (나) 시기에 해당된다.
② 개정 조·일 통상 장정(1883)에서 방곡령에 관한 규정을 정하였으며, 1889년에 함경도와 황해도에서 흉년이 들자 지방관들이 방곡령을 선포하였으나 일본의 항의로 실패하고 배상금을 물게 되었다. (다) 시기에 해당된다.
④ 아관파천으로 독립국의 위신이 떨어진 가운데, 서재필 주도로 독립신문을 창간(1896)하여 계몽 활동을 벌이는 한편 독립 협회를 조직하여 독립문을 건설하였다. (라) 이후의 일이다.

09 대한 자강회 정답 ②

자료분석 자료는 대한 자강회의 설립 취지문이다. 헌정 연구회를 계승하여 조직된 대한 자강회는 전국에 지회를 설치하고 강연회와 토론회를 개최하는 등 애국 계몽 운동에 큰 영향을 주었다.
정답분석 ② 대한 자강회는 고종 강제 퇴위에 반대하다가 통감부의 압력으로 보안법의 적용을 받아 강제 해산되었다(1907).
선택지분석 ① 신민회에 대한 설명이다. 태극서관은 신민회가 계몽 운동의 일환으로 설립한 서적 출판·보급 기관이며, 자기 회사는 신민회가 상공업 진흥을 위해 세운 자기 제조·판매 회사이다.
③ 보안회에 대한 설명이다(1904).
④ 대한민국 임시 정부에 대한 설명이다.

10 강화 천도 시기의 일   정답 ②

자료분석 자료는 최우가 강화 천도 시기에 『상정고금예문』을 금속 활자로 인쇄(1234)한 사실을 보여 준다. 『상정고금예문』은 현재 전하지 않으나, 이규보의 『동국이상국집』에 금속 활자로 인쇄했다는 사실이 기록되어 있다. 최우 집권기인 몽골의 1차 침입 이후 장기 항전을 위해 강화도로 천도(1232)하였으며, 1270년 원종 때 개경으로 환도하였다.

정답분석 ② 몽골은 고려가 강화도로 천도한 것을 빌미로 개경 환도와 국왕의 친조를 요구하며 2차 침입을 하였다(1232). 이때 대구 부인사에 보관되어 있던 초조대장경이 소실되었다.

선택지분석 ① 고려는 강동성 전투에서 몽골과 처음 조우한 후 형제 관계를 맺었으나(1219), 지나친 공물 요구 등으로 갈등을 빚었다. 1225년에 몽골 사신 저고여가 고려 국경 지대에서 피살되자, 몽골은 이를 빌미로 고려를 침략하였다(1차 침입, 1231). 강화 천도 이전의 사실이다.
③ 만적의 신분 해방 운동은 1198년 최충헌 집권기에 일어났으며, 몽골의 침입 이전의 사실이다.
④ 몽골의 1차 침입(1231) 때 서북면 병마사 박서는 귀주성에서 몽골군을 격퇴하였다.

11 천주교   정답 ②

자료분석 자료는 정조 때 일어난 진산 사건에 관한 내용으로 (가)는 천주교이다. 진산에 사는 윤지충이 부모의 신주를 불사르고 천주교식으로 제사를 지낸 것이 발각되어 신해박해가 일어났다. 정조는 천주교를 사학(邪學)으로 보면서 정학(正學)인 성리학이 바로 서면 자연히 없어질 것으로 보고 적극적으로 탄압하지는 않았다.

정답분석 ② 신미양요는 제너럴 셔먼호 사건을 구실로 일어났다. 천주교에 대한 병인박해를 구실로 병인양요가 일어났다.

선택지분석 ① 경주의 몰락 양반인 최제우는 서학의 확산을 경계하면서 이에 대항하기 위해 유·불·선과 민간 신앙 등을 융합하여 동학을 창도하였다.
③ 순조 즉위 직후 최초의 대대적인 천주교 박해인 신유박해가 일어났다(1801). 이때 이승훈, 정약종 등이 참수되고 정약용과 정약전 등이 유배되었다. 정약전은 흑산도로 유배되어 그곳에서 수산물 도감인 『자산어보』를 저술하였다.
④ 천주교는 처음에 서학(서양 학문)으로 소개되었다가, 18세기 후반부터 남인 계열의 일부 실학자들이 신앙으로 받아들이기 시작하였다.

12 급진 개화파 김옥균의 활동   정답 ①

자료분석 자료는 김옥균에 대한 설명이다. 일본으로 망명하였다는 점, 양반을 없애자고 주장했다는 점 등에서 갑신정변을 주도한 급진 개화파와 관련된 내용을 알 수 있다.

정답분석 ① 임오군란 이후 개화 정책이 지지부진해지자, 김옥균 등의 급진 개화파와 김홍집 등 온건 개화파가 분화되었다. 김옥균 등 급진 개화파는 조선 주둔 청군의 철수와 일본의 지원 등을 배경으로 갑신정변을 일으켰다(1884).

선택지분석 ② 양기탁에 대한 설명이다.
③ 제2차 수신사로 파견되었던 김홍집에 대한 설명이다.
④ 유길준에 대한 설명이다.

13 보부상의 활동   정답 ②

자료분석 보부상은 보상과 부상을 함께 일컫는 말로, 지방 장시를 무대로 활동한 행상이다. 활동 무대가 전국에 걸쳤으므로 정부에서는 관허 상인으로 보호하며 유사시 정보와 물자 이동 등에 활용하였다. 개항 이후인 1883년 혜상공국을 설치하여 보부상을 관리하다가 1885년에 상리국으로 개칭되었다.

정답분석 ㄱ. 보부상들은 등짐이나 봇짐을 지고 지방 장시를 돌아다니며 장사하였으며, 이들에 의해 전국의 장시가 하나의 유통망으로 연결되었다.
ㄷ. 1898년 독립 협회가 관민 공동회를 통해 헌의 6조를 제출하고 의회 설립 단계에 도달했는데, 수구 대신들은 보부상으로 구성된 황국 협회를 조직해 독립 협회와 관민 공동회를 공격하였다.

선택지분석 ㄴ. 관허 상인으로서 금난전권을 행사한 이들은 시전 상인이다.
ㄹ. 시전 상인은 개항 후 외국 상인의 상권 침투에 대항하여 황국 중앙 총상회를 조직하였다.

14 신라와 고려의 지배 세력   정답 ③

자료분석 (가)는 통일 신라 시기 진골 귀족의 생활 모습이다. (나)는 고려 전기의 대표적 문벌 귀족인 이자겸에 대한 설명이다. (다)는 충선왕의 복위 교서로, 왕실과 통혼할 수 있는 재상지종으로 대표적인 권문세족 15개 가문을 열거하였다.

정답분석 ③ 고려 말 권문세족의 횡포가 극심해지고 주와 군에 걸치는 대농장을 형성하여 조세를 여러 차례 걷는 등 농민 생활이 피폐해졌다. 주로 지방 중소 지주 출신으로서 과거를 통해 중앙 정계에 진출한 신진 사대부들은 권문세족과 대립하면서 이러한 폐단을 시정하고자 하였다.

선택지분석 ① 북진 정책 추진은 고려 초기의 정책이다.
② 고려 시대 무신 집권기의 지눌과 요세 등에 대한 설명이다.
④ 고려 시대인 문벌 귀족과 권문세족에 해당된다. 진골 귀족은 혈통에 의해 고위 관직을 독점하였다.

15 위정척사 운동   정답 ④

자료분석 (가)는 최익현의 개항 반대 5불가소이고, (나)는 이만손을 비롯한 영남 유생들이 『조선책략』 유포에 반대하여 올린 영남 만인소이다.

정답분석 ④ 고종이 『조선책략』에 관심을 가지고 관리들에게 유포하자, 이에 반발하여 이만손 등 영남 지역의 유생들이 상소(영남 만인소)를 올렸다.

선택지분석 ① 최익현의 개항 반대 5불가소는 일본이 운요호 사건을 일으켜 개항을 요구하자 이에 반대하며 올린 상소이다. 천주교 박해와는 관련이 없다.
② 영남 만인소에 대한 설명이다.
③ 『조선책략』에서 러시아를 막기 위해 친중국, 결일본, 연미국을 해야 한다는 방책을 제시하였으며, 영남 만인소에서는 미국과 서로 모르는 나라이므로 공연히 끌어들여서는 안된다고 비판하였다.

16 제1차 한·일 협약   정답 ②

자료분석 자료는 러·일 전쟁 중인 1904년에 체결한 제1차 한·일 협약의 내용이다. 이 협약에 의해 재정 고문으로 메가타, 외교 고문으로 친일적 미국인 스티븐스가 임명되었다.

정답분석 ② 재정 고문으로 취임한 메가타는 백동화의 품질이 불량하여 경제를 문란하게 한다는 명분으로 화폐 정리 사업을 추진하였다.
선택지분석 ① 1907년에 헤이그 특사 사건을 구실로 고종을 강제 퇴위시킨 일제는 순종과 정미 7조약을 체결하고 비밀 부수 각서로 대한 제국 군대를 해산시켰다. 고종의 강제 퇴위에 반발하여 정미의병이 일어났으며, 해산 군인이 합류하면서 의병의 조직력이 강화되어 전국 연합 부대인 13도 창의군이 조직되었다.
③ 재정 고문으로 취임한 스티븐스는 친일 활동을 펼치다가 샌프란시스코에서 장인환·전명운에 의해 저격당하였다.
④ 러·일 전쟁 개전 직후인 1904년 2월에 체결된 한·일 의정서의 내용이다.

선택지분석 ① 고려 시대의 삼사는 회계를 담당하였으며, 관리의 비리 감찰은 어사대에서 담당하였다.
③ 도병마사는 국방 문제를 담당하는 재추 합좌 기구이다. 서경을 행사한 것은 어사대의 관원과 중서문하성의 낭사이다.
④ 중추원은 왕명 출납과 군사 기밀을 담당한 관서이다. 중추원의 고위 관료인 추밀은 군사 기밀을 담당하며 중서문하성의 재신과 함께 도병마사와 식목도감에 참여하였다. 중추원의 하급 관료인 승선은 왕명 출납을 담당하였다. 간쟁을 담당한 것은 중서문하성의 낭사이다.

17 초기 국가의 모습 · 정답 ②

자료분석 (가)는 고구려, (나)는 부여와 고구려, (다)는 동예, (라)는 삼한에 대한 설명이다. 동맹은 고구려의 제천 행사이다. 부여와 고구려에는 1책 12법이 있어 도둑질을 하면 12배로 변상하였다. 동예는 씨족 사회의 전통이 남아 있어 족외혼을 엄격하게 지켰으며, 책화라고 하여 다른 부족의 영역을 침범했을 때에는 노비나 소·말로 변상하게 하였다. 삼한에서는 군장을 세력의 크기에 따라 신지, 견지, 읍차 등으로 불렀다.
정답분석 ② 부여와 고구려는 유목 사회의 전통에서 유래된 형사취수제가 있었는데, 가장이 죽고 남은 가족을 부양하는 역할과 함께 씨족의 재산이 재혼으로 유출되지 않도록 하는 기능을 하였다.
선택지분석 ① 부여에 해당한다. 부여에는 왕 아래에 마가·우가·저가·구가 등 가축의 이름을 딴 여러 가들이 있었는데, 이들은 사출도를 다스렸다.
③ 민며느리제는 옥저의 풍습이다. 동예는 족외혼을 실시하였다.
④ 가족이 죽으면 가매장하였다가 뼈를 추려 가족 공동으로 사용하는 큰 목곽에 묻는 것은 옥저의 풍습이다.

20 1930년대 만주의 독립운동 · 정답 ①

자료분석 (가)는 조선 혁명군과 중국 의용군의 합의 내용(1932)이고, (나)는 한국 독립군과 중국 호로군의 합의 내용(1931)이다. 1931년 일제의 만주 사변 도발로 중국인들의 반일 감정이 고조되자, 독립군 부대와 중국군이 연합하여 일본군에 맞서 싸웠다.
정답분석 ① 국민부 산하의 조선 혁명군은 남만주 일대에서 중국 의용군과 함께 한·중 연합 작전을 펼쳤다.
선택지분석 ② 1941년 조선 의용대 일부 세력이 보다 직접적인 항일전을 위해 화북지대를 결성하였다. 조선 의용대 화북지대는 호가장 전투, 타이항산 전투를 전개하면서 조선 의용군으로 개편되었다.
③ 조선 혁명군에 대한 설명이다. 한국 독립군은 중국 호로군과 연합하여 쌍성보 전투, 대전자령 전투에서 큰 승리를 거두었다.
④ 조국 광복회는 동북 항일 연군 내의 한인 사회주의자 등이 조직한 단체이다(1936).

18 건축 양식의 변화 · 정답 ③

정답분석 (다) 비례미와 조화미를 강조한 2중 기단의 3층 석탑은 신라 중대에 유행하였다. 대표적으로 감은사지 3층 석탑과 불국사 3층 석탑이 있다.
(가) 신라 하대에 선종 불교가 유행하면서 팔각원당형을 기본으로 한 승탑이 유행하였다.
(나) 기둥 위에만 공포를 두어 지붕을 지탱하게 한 것은 주심포 양식으로, 고려 시대에 유행하였다. 대표적으로 안동 봉정사 극락전, 영주 부석사 무량수전, 예산 수덕사 대웅전 등이 있다.
(라) 17세기에 불교의 사회적 지위 향상과 양반 지주층의 경제적 성장을 반영하여 금산사 미륵전, 화엄사 각황전, 법주사 팔상전 등 규모가 큰 다층의 사찰 건축이 이루어졌는데, 이들은 외형은 다층 건물이지만 내부는 하나로 통하는 구조로 되어 있다. 특히 법주사 팔상전은 5층 목탑의 외형을 하고 있으며 현재 남아 있는 유일한 전통식 목탑이다.

19 고려 중앙 정치 조직 · 정답 ②

정답분석 ② 고려의 도병마사와 식목도감은 중서문하성의 고관인 재신과 중추원의 고관인 추밀이 모여 국가의 중대사를 회의로 결정하는 기구이다. 도병마사는 주로 국방 문제를, 식목도감은 주로 법제와 격식을 다루었다.

제7회 실전형 봉투 모의고사

01	02	03	04	05	06	07	08	09	10
④	②	②	①	④	④	④	②	②	②
11	12	13	14	15	16	17	18	19	20
②	②	②	②	②	③	③	④	①	④

01 사화의 발생   정답 ④

자료분석 (가)는 연산군 때 발생한 무오사화(1498), (나)는 중종 때 발생한 기묘사화(1519)이다.

정답분석 ④ 연산군은 무오사화 이후 사치와 향락을 일삼다가 1504년 생모인 폐비 윤씨 사건을 구실로 갑자사화를 일으켰다. 연산군은 갑자사화 때 사림뿐 아니라 훈구 대신까지 대거 처형하며 폭정을 펼치다가 1506년 중종반정으로 폐위되었다.

선택지분석 ① 명종 때 일어난 양재역 벽서 사건(1547)은 문정왕후를 비난하는 내용의 벽서를 계기로 윤임 집안 및 사림 인사들이 탄압을 받은 사건이다. 이 때문에 을사사화(1545) 이후 세력을 잡은 윤원형 및 문정왕후 세력이 윤임 세력의 잔당을 숙청하기 위해 벌인 자작극으로 보기도 한다.
② 숙종 때 소의 장씨가 아들(경종)을 낳자 숙종이 이를 원자로 정호하려 하였는데, 송시열 등 노론이 이를 반대하다가 숙청되는 기사환국이 일어났다(1689).
③ 인조반정 이후 반정공신인 이괄이 평안도 병마사로 임명되자 논공행상에 불만을 품고 난을 일으켰다(1624).

02 안창호의 활동   정답 ②

자료분석 신민회 조직을 주도하였으며, 평양에 대성학교를 설립한 인물은 안창호이다. 상하이 임시 정부에서 내무총장에 선임되었다가 통합 임시 정부에서 노동국 총판을 맡았으며, 국민대표 회의에서는 개조파로 활동하였다.

정답분석 ② 안창호는 신민회 해체 이후 1911년에 미국으로 가서 대한인 국민회 중앙 총회 초대 총회장에 취임하고, 1913년에는 샌프란시스코에서 흥사단을 결성하였다.

선택지분석 ① 1919년 길림 지역에서 김원봉, 윤세주 등이 의열단을 조직하였다.
③ 조만식에 대한 설명이다.
④ 박용만은 하와이에서 대조선 국민군단을 조직해 군사 훈련을 실시하는 등 독립군을 양성하였다.

03 제헌 국회   정답 ②

자료분석 제시된 자료는 1948년 5·10 총선거에 의해 성립된 제헌 국회에서 제정한 제헌 헌법이다. 제헌 헌법은 국회 선출에 의한 정·부통령제를 채택하였으며, 제101조에서 광복 이전의 반민족 행위에 대한 소급 처벌법을 제정할 수 있도록 하는 조항을 명시하였다.

정답분석 ② 제헌 국회는 1949년에 귀속 재산 처리법을 제정하여 일본인이 남기고 간 적산을 민간에 불하하였다. 제헌 국회는 1948년 5·10 총선거를 통해 구성되었으며, 헌법을 제정하는 국회라는 특수성 때문에 임기를 2년으로 정하여 1950년까지 유지되었다.

선택지분석 ① 한·일 협정은 박정희 정부 시기인 1965년에 체결되었다.
③ 김구가 이끄는 한국 독립당 세력은 5·10 총선거에 불참하였다. 제헌 국회에서는 200석 중 무소속이 85석으로 가장 많았고, 이승만의 대한 독립 촉성 국민회가 55석을 차지하였다.
④ 제2대 국회(1950~1954)에 해당된다. 제2대 국회의원 선거에서 이승만 반대 세력이 다수 당선되자, 이승만 정부는 장기 집권을 위해 대통령 직선제를 포함한 발췌 개헌을 강행하였다.

04 백제 근초고왕   정답 ①

자료분석 백제는 4세기 후반 근초고왕 때 남쪽으로 전라도 남해안까지 영역을 확장하였으며, 낙동강 유역의 가야까지도 지배권을 행사하였다. 또한 황해도 지역에 진출하여 고구려와 세력을 다투었으며, 이 과정에서 평양성을 공격해 고구려 고국원왕을 전사시켰다.

정답분석 ① 근초고왕은 박사 고흥으로 하여금 『서기(書記)』를 편찬하게 하여 강화된 왕권과 국가의 면모를 과시하였다.

선택지분석 ② 6세기 백제 성왕 때의 사실이다.
③ 4세기 말 백제 침류왕 때 동진에서 온 마라난타로부터 불교를 수용·공인하였다.
④ 3세기의 백제 고이왕 때의 사실이다.

05 4·19 혁명과 6월 민주 항쟁   정답 ④

자료분석 (가)는 1960년 4·19 혁명 당시 서울대 학생들이 발표한 시국 선언문이다. '선거권마저' 농단되었다는 데서 3·15 부정 선거에 반발한 4·19 혁명임을 알 수 있다. (나)는 1987년 6월 민주 항쟁 당시 국민 운동 본부에서 발표한 선언문이다. '4·13 폭거'에서 직선제 개헌을 요구한 시위임을 알 수 있다.

정답분석 ④ 4·19 혁명으로 여당인 자유당이 몰락하고, 이어진 선거에서 민주당이 압승을 거두어 장면 내각이 출범하였다. 그러나 6월 민주 항쟁 이후 치러진 1987년 대통령 선거에서 여당인 민주 정의당의 노태우가 대통령에 당선됨으로써 정권 교체는 이루어지지 않았다.

선택지분석 ① 4·19 혁명 당시 시위 군중이 경무대(청와대)로 진출하자 경찰이 무차별 총격을 가하여 많은 사상자가 발생하였다. 이에 시위가 더욱 확산되자 이승만 정부는 계엄령을 선포하고 군대를 동원하였다.
② 전두환 정부 말기에 국민들은 대통령 직선제를 요구하며 민주적 헌법 개정을 요구하였다. 그러나 전두환 정부는 88올림픽 개최를 앞두고 사회 혼란을 막는다는 명분으로 헌법 개정 없이 다음 대통령 선거를 치르겠다는 4·13 호헌 조치를 발표하였다. 이에 국민들의 민주화 요구가 6월 민주 항쟁으로 터져나오면서 결국 직선제 개헌(9차 개헌)이 이루어졌다.
③ 4·19 혁명 이후 수립된 허정 과도 정부에서 국회 양원제와 내각 책임제를 골자로 하는 제3차 개헌이 이루어졌다. 6월 민주 항쟁으로 당시 여당 대표인 노태우가 6·29 선언을 발표하여 직선제 개헌을 수용하였으며, 대통령 직선제와 5년 단임제를 골자로 하는 현행 헌법(9차 개헌)이 제정되었다.

06 전시 체제의 정책   정답 ④

자료분석 중·일 전쟁 이후 전시 통제 체제의 강화와 함께 일제는 한국인과 일본인이 하나라는 이른바 내선일체를 주장하며 황국 신민화 정책을 추진하였다. 신사에 의무적으로 참배하도록 하고, 궁성 요배라고 하여 매일 아침 일본 궁성을 향해 허리를 숙여 절을 하도록 하였다.

정답분석 ④ 일제는 1940년에 민족 말살 정책의 일환으로 한국인들의 이름을 일본식으로 고치게 하는 이른바 '창씨개명'을 실시하였다. 명목상으로 자발적 지원에 의한 정책이었으나, 취업이나 배급에 불이익을 주고 경찰이 사찰하게 하는 등 개명을 강요하였다.
선택지분석 ① 일제는 1923년에 한반도와 일본 사이의 관세를 철폐하였다. 이 소식이 전해지면서 1920년대 초에 국내에서는 민족 자본을 육성하기 위해 물산 장려 운동이 전개되기도 하였다.
② 일제는 1920년대에 수리 조합을 설립하여 밭을 논으로 바꾸고 화학 비료 사용을 늘려 조선에서 쌀을 증산한 뒤 일본으로 반출하려는 산미 증식 계획을 시행하였다.
③ 헌병 경찰 통치가 이루어진 시기는 1910년대이다.

07 시기별 정치 제도   정답 ④
자료분석 9서당 10정은 통일 신라, 2군 6위와 주현군·주진군은 고려, 5위와 영진군은 조선 초기, 5군영과 속오군은 조선 후기의 군사 제도이다.
정답분석 ④ 비변사는 중종 때 삼포왜란을 계기로 국방 문제를 논의하기 위해 임시 기구로 설치되었다. 이후 임진왜란을 거치며 비변사의 구성원과 기능이 확장되어 최고 정무 기구가 되었다. 비변사에서 고위 관원들의 합의에 의해 국정이 수행되면서 의정부와 6조가 유명무실해지는 결과를 낳았다
선택지분석 ① 통일 신라의 감찰 기구는 사정부이다. 어사대는 고려 시대에 백관을 감찰한 기구이다.
② 고려 시대에는 여성의 재가가 자유로웠으며, 그 자손에 대한 차별도 없었다. 조선 태종 때 서얼 금고법이 제정되었으며, 성종 때 재가 금지법을 시행하고 『경국대전』에 서얼의 문과 응시 금지를 법제화하였다.
③ 식목도감은 고려 시대에 중서문하성의 재신과 중추원의 추밀이 모여 합좌한 기관으로, 법령과 격식을 논의하였다.

08 1990년대 이후의 남북 관계   정답 ②
자료분석 (가)는 노태우 정부 시기인 1991년의 남북 기본 합의서, (나)는 김대중 정부 시기인 2000년의 6·15 남북 공동 선언이다.
정답분석 ② 1998년에 출범한 김대중 정부는 대북 화해 협력 정책을 추진하였다. 이를 계기로 현대 그룹의 정주영 명예회장의 소떼 방북이 이루어졌으며, 1998년 11월에 해로를 통한 금강산 관광이 시작되었다.
선택지분석 ① 1991년에 남북은 유엔에 동시 가입한 후, 남북 관계의 법적 근거를 마련하는 기본 합의서를 채택하였다. (가) 직전의 사실이다.
③ 개성 공단 조성 사업은 2000년 제1차 남북 정상 회담의 결과로 시행되었다. 따라서 (나) 이후의 사실이다.
④ 박정희 정부 시기인 1971년에 남북 적십자 예비회담이 개최되고, 1972년에 7·4 남북 공동 성명을 이후인 8월에 제1차 남북 적십자 회담이 개최되었다. (가) 이전의 사실이다.

09 고려 시대의 사회 모습   정답 ②
자료분석 자료는 관인이나 특권층의 신분을 박탈하고 본관지로 돌려보내는 귀향형에 대한 내용이다. 귀향형은 고려 시대의 특징적인 형벌 제도이다.

정답분석 ② 향·부곡·소 등 특수 행정 구역의 거주자는 법제적 신분은 양인이었으나 일반 군현에 비해 과도한 조세와 공납의 부담을 졌다. 또한 다른 지역으로 이사할 수 없었고, 국자감에 입학하거나 과거에 응시할 수 없었으며, 승려가 될 수도 없었다.
선택지분석 ① 고려 시대의 백정은 일정한 직역을 지지 않는 사람[丁]이라는 뜻으로 평민층에 해당된다. 군반, 향리, 남반, 서리, 잡류 등이 중류층에 속하였으며 이들은 군인, 향리 등 일정한 직역을 지면서 군인전, 외역전 등을 지급받았다.
③ 조선 후기에 부계 친족을 중심으로 하는 종법 의식이 확산되고, 문중을 중심으로 결집하면서 가문의 격을 높이기 위해 서원이나 사우를 많이 건립하는 현상이 나타났다.
④ 음서는 5품 이상 고위 관직자들의 자손에게 부여한 혜택이다. 지방 유력자인 호장 등은 과거를 통해 중앙 관직으로 진출할 수 있었지만, 음서의 특권을 가진 것은 아니었다.

10 고려 현종의 업적   정답 ②
자료분석 자료는 강조의 정변(1009)에 대한 내용이다. 목종의 모후인 천추태후가 김치양과 결탁하여 전횡을 부리자 강조가 정변을 일으켜 목종을 죽이고 현종을 즉위시켰다. 따라서 밑줄 친 '새 왕'은 현종이다.
정답분석 ② 현종은 지방 제도를 5도 양계로 정비하고, 향리 공복제를 시행하여 지방 통치를 강화하였다.
선택지분석 ① 문종 때 문하시중을 지낸 최충이 은퇴한 후 9재 학당을 설립하였다. 거란과의 전쟁으로 관학이 쇠퇴한 가운데 9재 학당을 비롯한 사학 12도가 성행하였다.
③ 몽골의 침입 때 대구 부인사에 보관되어 있던 초조대장경이 소실되자, 고종 때 최우는 대장도감을 설치해 팔만대장경(재조대장경)을 판각하였다.
④ 예종 때 지방관이 파견되지 않았던 속현 등지에 감무관을 파견하기 시작하였다.

11 서원   정답 ②
자료분석 자료는 이황이 풍기군수로 있으면서 백운동 서원을 사액해달라고 청한 내용으로, 주세붕이 처음 건립한 (가)는 서원이다. 서원은 지역이나 학파와 연고가 있는 선현을 제사하면서 후진을 양성하는 기능을 하였으며, 학맥과 지연으로 묶인 사림들이 교류하는 붕당의 근거지가 되기도 하였다. 서원 중 일부는 국가에 의해 사액을 받아 편액과 서적, 토지, 노비 등을 하사받기도 하였다.
정답분석 ② 조선 후기에 서원은 선현에 대한 배향 및 학파와의 연계 등을 바탕으로 때로는 수령보다 큰 위세를 부리며 백성을 수탈하기도 하였다. 이에 흥선 대원군은 47개소만 남기고 전국의 서원을 철폐하기도 하였다.
선택지분석 ① 향교에 대한 설명이다. 조선 시대에는 부·목·군·현에 하나씩 향교를 두었으며, 중앙에서 교수와 훈도를 파견해 교육하였다.
③ 향교와 사부학당에 대한 설명이다. 향교와 사부학당의 교생들은 정기적으로 시험을 치러 성적 우수자에게 소과 초시를 면제해주는 특권을 주기도 하였다.
④ 성균관에 대한 설명이다. 성균관은 소과 합격자인 생원과 진사가 입학하는 것을 원칙으로 하였으나, 후에는 정원 부족 등으로 큰 자격 제한을 두지 않기도 했다.

12 일제 강점기 사회·경제적 민족 운동   정답 ②

자료분석 국권 피탈은 1910년, 3·1 운동은 1919년, 신간회 결성은 1927년, 중·일 전쟁 발발은 1937년, 광복은 1945년의 사실이다.

정답분석 ② 1923년 경남 진주에서 조직된 조선 형평사의 설립 취지문이다. 1894년 갑오개혁으로 법적 신분제는 폐지되었지만 사회적 차별은 남아 있었고, 일제가 민족 분열을 위해 차별 정책을 취하였으므로 백정에 대한 편견은 여전하였다. 이에 백정 출신 자산가 이학찬 등이 주도하여 진주에서 조선 형평사를 조직해 형평 운동을 전개하였다.

선택지분석 ① 1920년대에 발표된 물산 장려 운동과 관련된 내용이다. (나) 시기에 해당된다.
③ 1941년에 대한민국 임시 정부가 발표한 건국 강령의 내용이다. (라) 시기에 해당된다.
④ 1927년 신간회의 자매단체로 결성된 근우회 강령이다. (다) 시기에 해당된다.

13 애국 계몽 운동과 실력 양성 운동   정답 ②

정답분석 ㄴ. 1898년에 황국 중앙 총상회가 조직되어 외국 상인의 진출로부터 상권 수호 운동을 전개하였다.
ㄷ. 1904년에 일본이 황무지 개간권을 요구하자, 보안회가 설립되어 이를 저지하였으며 우리 힘으로 황무지를 개간하자는 농광회사가 설립되기도 하였다.
ㄱ. 헌정 연구회는 1905년 이준, 윤효정 등을 중심으로 국민의 정치의식 고취와 입헌 군주제 수립을 목적으로 설립되었다. 일진회의 반민족적인 행위를 규탄하다가 통감부의 압력으로 해체되었다.
ㄹ. 국채 보상 운동은 1907년에 서상돈, 김광제 등이 대구에서 시작하였다. '국민의 힘으로 국채를 갚고 국권을 지키자.'라는 취지의 운동이 시작되자 곧 황성신문, 대한매일신보, 제국신문, 만세보 등 당시 애국 계몽 언론들이 이를 적극 홍보하여 전국적으로 확대되었다.

14 조선 후기 실학   정답 ②

자료분석 조선 후기에 사회 지도 사상인 성리학이 경직되고 교조적인 모습을 보이면서, 이를 극복하기 위한 다양한 사상적 모색이 이루어졌다. 윤휴·박세당 등은 원시 유학을 참고하여 유학을 새롭게 해석하려 하였으며, 청의 고증학과 실사구시의 태도를 바탕으로 실학과 국학 연구가 성행하였다. 한편 일부 소론 가문에서 지행합일의 실천성을 강조하는 양명학이 연구되기도 하였다.

정답분석 ② 중농학파 실학은 17세기 전반에 대두되었으며 유형원, 이익, 정약용 등이 대표적이다. 유형원은 중농학파 실학의 선구로 평가되며, 『반계수록』에서 신분에 따라 차등을 두어 토지를 지급하자는 균전론을 제시하였다.

선택지분석 ① ㉠은 이황과 관련이 없는 서술이다. 박세당, 윤휴 등은 성리학 교조화를 비판하면서 고전 유학을 바탕으로 경전을 새롭게 해석하려다가 노론에 의해 사문난적으로 비판받았다.
③ 『북학의』를 저술한 중상학파 실학자는 박제가이다.
④ 강화학파는 정제두가 강화도에서 양명학을 집대성하면서 형성된 학파이다. 이익은 남인 계열의 학자로서 중농학파 실학자에 해당한다.

15 근대 문물의 도입   정답 ②

자료분석 자료는 대한 제국을 수립한 뒤 청과 대등한 황제국 관계에서 체결한 한·청 통상 조약(1899)이다.

정답분석 ② 1899년에 서울에서 청량리까지 전차가 개통되었다.

선택지분석 ① 경성 제국 대학은 일제 강점기인 1924년에 설립되었다.
③ 독립 협회는 1898년에 관민 공동회를 개최하여 중추원을 근대식 의회로 바꾸자는 헌의 6조를 채택하고 고종에게 건의하였다. 그러나 수구 대신들의 모함으로 강제 해산되었다.
④ 통감부는 을사늑약 체결(1905)로 외교권이 박탈된 뒤 외교 사무를 처리하기 위해 1906년에 설치된 관청으로, 민족 언론을 탄압하기 위해 신문지법 제정(1907)을 강요하였다.

16 평안도 지역의 역사   정답 ③

자료분석 밑줄 친 '이 지역'은 평안도이다. 중국과 본국의 사신 왕래가 빈번하다는 데에서 알 수 있다.

정답분석 ㄴ. 고려 시대에는 지방을 5도 양계로 크게 나누었다. 양계는 국경 지대에 설치된 군사적 통치 구역으로 평안도 지역은 북계, 함경도 지역은 동계에 해당된다. 양계에는 병마사를 파견하였으며, 지방군으로 주진군을 두어 개경에서 파견된 6위의 군사와 함께 외적의 침입을 방어하였다.
ㄷ. 19세기 초에 평안도 지역에서 홍경래의 난이 일어났다. 홍경래는 평안도 지역에 대한 차별과 세도 정권의 수탈에 맞서 난을 일으켰는데, 한때 청천강 이북을 장악하였으나 결국 정부군에게 진압되었다.

선택지분석 ㄱ. 몽골의 침입 당시 김윤후가 몽골군 사령관 살리타를 사살한 곳은 처인성(경기도 용인)이다.
ㄹ. 양헌수는 병인양요 때 강화도 정족산성에서 프랑스군을 격퇴하였다.

17 조선 의용대   정답 ③

자료분석 밑줄 친 '부대'는 김원봉이 주도해 창설한 조선 의용대이다. 황포 군관 학교 출신, 조선 혁명 간부 학교 출신으로 구성되었다는 내용을 통해 알 수 있다.

정답분석 ③ 중국 한커우에서 창설된 조선 의용대는 중·일 전쟁 직후인 1938년에 조선 민족 혁명당이 주축을 이룬 조선 민족 전선 연맹의 군사 조직으로, 중국 관내 최초의 한인 군사 조직이었다.

선택지분석 ① 조선 독립 동맹의 군사 조직은 조선 의용군이다.
② 한국광복군에 해당한다. 한국광복군은 광복 직전인 1945년 미국 OSS와 협력하여 국내 진입 작전(독수리 작전)을 계획하였으나 일제의 패망으로 시행되지 못했다.
④ 봉오동·청산리 전투 이후 간도, 만주 지역 독립군 부대가 연합하여 편성한 대한 독립 군단이다. 이들은 일제의 포위를 피해 자유시로 이동했다가 자유시 참변을 겪었다.

18 유신 헌법   정답 ④

자료분석 자료는 박정희 정부가 장기 집권을 위해 개정한 유신 헌법(7차 개헌)이다. 통일 주체 국민회의에서 대통령을 선출하고, 대통령이 국회의원의 1/3을 통일 주체 국민회의에 추천한다는 내용을 통해 알 수 있다. 유신 헌법은 대통령의 권한을 비정상적으로 강화하여 대통령이 국회 해산권 등을 가지고 초헌법적인 조치를 할 수 있도록 하였다.

정답분석 ④ 1972년에 박정희 정부는 비상계엄을 선포하고 국회를 해산한 뒤 10월 유신을 단행하였다. 이어 비상 국무 회의가 마련한 헌법 개정안을 국민 투표를 거쳐 확정하였다.

선택지분석 ① 1952년 발췌 개헌(1차), ② 1969년 3선 개헌(6차), ③ 1980년 신군부 세력에 의한 헌법 개정(8차)이다.

19 조선 중종 정답 ①

자료분석 제시된 자료는 중종 때 조광조를 비롯한 사림 세력이 소격서 혁파를 주장하는 내용이다.

정답분석 ① 조광조는 일종의 천거제인 현량과 시행을 주장하였으며, 그 결과 사림 세력이 대거 관직에 진출하여 훈구 세력의 비리를 공격하였다.

선택지분석 ② 기유약조는 임진왜란 이후인 광해군 때 일본과 국교를 재개한 조약이다(1609).
③ 성종 때 우리나라 역대 시문을 모아 『동문선』을 편찬하였다. 여기에서 우리나라의 글은 한·당이나 송·원의 글이 아니라고 하여 자주의식을 드러냈다.
④ 명종 때 황해도 일대에서 백정 출신의 도적 임꺽정이 활동하였다. 이는 훈구 세력의 대농장 확대 등 횡포와 수탈에서 비롯된 것으로 평가된다.

20 대가야 정답 ④

자료분석 자료는 신라 진흥왕 때 이사부로 하여금 대가야를 공격해 멸망시키는 모습을 보여 준다. 따라서 '이 나라'는 대가야이다.

정답분석 ④ 5세기 초 광개토 대왕의 공격으로 금관가야가 타격을 입으면서 전기 가야 연맹이 해체되고, 5세기 후반에 고령의 대가야가 새로운 맹주로 떠올랐다. 대가야는 소백산맥 서쪽 남원, 임실 지방까지 진출하는 등 신라·백제와 대등하게 세력을 겨루기도 하였다.

선택지분석 ① 구지봉 전설은 금관가야의 시조인 김수로왕의 건국 신화와 관련이 있다.
② 백제에 대한 설명이다.
③ 전기 가야 연맹의 맹주인 금관가야에 대한 설명이다. 금관가야는 풍부한 철 생산을 바탕으로 낙랑·왜를 연결하는 해상 무역을 주도하면서 성장하였다.

제8회 실전형 봉투 모의고사

01	02	03	04	05	06	07	08	09	10
④	②	③	③	③	①	③	②	③	④
11	12	13	14	15	16	17	18	19	20
③	③	③	②	③	③	④	②	②	③

01 화백 회의 정답 ④

자료분석 자료는 신라의 화백 회의에 대한 내용이다. 화백 회의는 국왕을 중심으로 귀족들이 모여 중대사를 결정하는 귀족 회의이다.

정답분석 ㄴ. 화백 회의와 유사한 귀족 합의 기구로 고구려의 제가 회의, 백제의 정사암 회의가 있다.
ㄹ. 화백 회의는 만장일치에 의해 결정을 내렸는데, 이는 귀족들 사이의 내분을 막기 위한 것으로 알려져 있다.

선택지분석 ㄱ. 화랑도는 진골 자제를 화랑으로 하여 평민까지 낭도로 포함함으로써 계급 간 갈등을 완화하는 역할을 하였다.
ㄷ. 신라 중대에 상대등보다 시중의 위상이 높아지는 등 전제 왕권이 강화되면서 화백 회의는 일종의 관료 회의 기구로 바뀌었으나, 신라 하대에는 진골 귀족들이 국정을 결정하는 최고 회의 기구로 강화되었다. 무열왕 때 왕권 강화에 따라 폐지된 제도로는 갈문왕제가 있다.

02 동학 농민 운동 정답 ②

자료분석 황토현 전투는 제1차 농민 봉기 때 동학 농민군이 관군에 승리한 전투이다. 남접과 북접 세력이 논산에 집결한 것은 제2차 농민 봉기를 일으킨 직후이다.

정답분석 ② 황토현, 황룡촌 전투에서 승리한 동학 농민군이 전주성까지 점령하자 정부는 농민군과 전주 화약을 체결하였다. 이에 따라 농민들은 자진 해산하여 전라도 각지에 최초의 농민 자치 기구인 집강소를 세우고 폐정 개혁을 추진하였다.

선택지분석 ① 고부군수 조병갑의 횡포에 맞서 전봉준 주도로 사발통문을 돌리고 고부 봉기를 일으켰다. 이에 정부는 안핵사 이용태를 파견하였으나, 이용태가 동학 교도들을 탄압하자 농민들은 백산에 모여 제1차 농민 봉기를 일으켰다.
③ 제2차 농민 봉기 때 논산에 집결한 남접과 북접의 농민군은 서울로 북상하려 하였으나 우금치 전투에서 관군과 일본군에 크게 패하여 세력이 와해되었다.
④ 동학 교도들은 1892년에 공주, 삼례 등에서 집회를 열어 교조 최제우의 억울함을 풀어달라는 교조 신원 운동을 전개하였다. 1893년에는 서울 광화문 복합 상소와 보은 집회를 열면서 점차 척왜양창의를 내세우는 사회 운동으로 변모하였다.

03 백제 무령왕 정답 ③

자료분석 제시된 자료에 소개된 무덤은 무령왕릉과 왕릉원(송산리 고분군)에서 발견된 무령왕릉이다. 무령왕릉은 도굴되지 않은 채 발견되어 많은 유물이 나왔을 뿐 아니라 무덤의 주인과 매장 절차를 밝힌 지석이 발견되었다. 무령왕릉은 화려한 문양이 새겨진 벽돌무덤으로 당시 중국 남조와의 관계를 보여 준다.

정답분석 ③ 백제 무령왕은 지방의 22담로에 왕족을 파견하여 지방에 대한 통제를 강화함으로써 백제 중흥의 발판을 마련하였다.

선택지분석 ① 6세기 백제 성왕의 업적이다.
② 5세기 말 백제 동성왕 때의 사실이다.
④ 7세기 백제 무왕의 업적이다.

04 을미의병과 을사의병 정답 ③

자료분석 (가)는 을미사변과 단발령을 계기로 일어난 을미의병 때의 격문이다. (나)는 대한 제국의 외교권을 박탈당한 을사늑약 체결을 계기로 일어난 을사의병 때의 격문이다. '10월 20일의 변'은 을사늑약을 가리키며, '우리에게 이웃 나라가 있어도 스스로 결교하지 못하고 타인을 시켜 결교하니'는 대한 제국의 외교권 박탈을 의미한다.

정답분석 ③ 신돌석은 평민 출신으로서 을사의병 때 경상도와 강원도 일대에서 유격 전술을 사용해 크게 활약하였다.

선택지분석 ① 정미의병이 전국적 의병 전쟁으로 확산되자 일제는 1909년 남한 대토벌 작전을 전개하여 삼남 지방의 촌락을 초토화하면서 의병을 진압하였다.
② 을사의병에 해당된다. 5적 암살단은 을사늑약 이후 을사5적을 암살하기 위해 결성된 단체를 총칭하는 말로, 나철·오기호 등은 자신회(自新會)를 조직하여 을사늑약에 찬성한 친일 대신들과 일진회를 습격하는 등 매국노를 처단하려 하였다.
④ 정미의병 당시의 13도 창의군에 대한 내용이다.

05 고려 광종 정답 ③

자료분석 고려 시대에 백관의 공복을 제정한 왕은 광종이다. 광종은 호족 세력을 견제하면서 과거제를 시행(958)하고 공복을 제정(960)하여 지배층의 위계질서와 관리의 기강을 확립하고자 하였다.

정답분석 ③ 광종은 956년에 노비안검법을 시행하여 호족 세력을 약화시키고 국가의 수입 기반을 확대하였다.

선택지분석 ① 고려 현종은 지방을 5도 양계 및 경기로 크게 나누고, 그 안에 3경 4도호부 8목을 비롯하여 군·현·진 등을 설치하여 지방 제도를 완비하였다.
② 고려 숙종 때 의천의 건의를 받아들여 주전도감을 설치하고 해동통보, 삼한통보 등을 주조하였다.
④ 고려 목종 때 개정 전시과를 시행하여 전·현직 관리를 대상으로 18품의 관등만을 기준으로 하여 전시과를 지급하였다.

06 광주 학생 항일 운동 정답 ①

자료분석 제시된 자료는 1929년 광주 학생 항일 운동 당시의 격문이다. 한·일 학생 간의 우연한 충돌에서 비롯되었으나, 일제 경찰이 한국인 학생만 부당하게 구속하는 등 편파적으로 대응하자 이에 반발하여 광주 지역 학생들의 만세 시위가 전개되었고, 전국으로 확산되었다.

정답분석 ① 광주 학생 항일 운동이 일어나자 신간회는 진상 조사단을 파견하였다. 이어 민중 대회를 개최하여 진상을 널리 알리려 하였으나 일제의 탄압으로 무산되었다.

선택지분석 ② 1919년에 전개된 3·1 운동으로 민족 지도자들은 통일된 독립운동 지도 기관의 필요성을 느끼고 대한민국 임시 정부를 수립하였다.
③ 1922년에 고등 교육 기관 설립을 목표로 민립 대학 설립 운동을 전개하였으나, 일제의 탄압과 흉년 등의 재해로 실패하였다. 일제는 경성 제국 대학을 설립(1924)하여 이를 무마하려 하였다.
④ 6·10 만세 운동은 민족주의계와 사회주의계가 함께 준비하고 학생 주도로 시행되어 신간회가 창설되는 배경이 되었다.

07 독도의 역사 정답 ③

정답분석 ③ 『세종실록지리지』에 "우산, 무릉 두 섬이 정동진의 동쪽에 있다."는 기사와 두 섬이 강원도 울진현 소속임을 알리는 기사가 수록되어 있다. 또한 당시에 우산무릉등처 안무사를 임명하여 이를 관리하였다. 한편 『신증동국여지승람』에 있는 팔도총도에도 독도(우산도)가 표시되어 있다.

선택지분석 ① 시마네현 고시는 1905년 러·일 전쟁 중 독도의 전략적 가치를 인식한 일본이 불법적으로 영토로 편입한 것이다. 이보다 앞선 1900년에 대한 제국이 칙령 제41호를 통해 석도(독도)를 울도군(울릉군) 관할로 정하고 관보에 게재하였다.
② 한·일 의정서는 일본이 '대한 제국 영토 중 군략상 필요한 지점을 임시로 이용'할 수 있게 한 것으로, 영토와는 관련이 없다. 오히려 한·일 의정서 제3조는 일본이 대한 제국의 독립과 영토 보전을 보증한다고 규정하였다. 일본은 시마네현 고시를 1년여간 숨기다가 1906년에 통보하였는데, 이때는 을사늑약으로 인해 외교권을 상실하였으므로 외교적 항의를 할 수 없었다.
④ 한·일 협정의 사전 협상 과정에서 독도를 둘러싼 의견 대립이 심하였으며, 결과적으로 독도 영유권 문제는 명시적으로 언급되지 않았다. 한·일 협정 결과 이승만 정부에서 선언하였던 '평화선'이 한·일 어업 협정으로 대체되었다.

08 묘청의 난 정답 ②

자료분석 인종 때 묘청 등 서경 세력은 풍수지리설을 근거로 서경 천도를 주장하다가 개경파 귀족의 반대로 실패하자, 서경에서 연호를 '천개', 국호를 '대위'로 하고 군대를 천견충의군이라고 부르면서 난을 일으켰다. 따라서 밑줄 친 '이들'은 묘청 등 서경파 세력이다.

정답분석 ② 묘청 등은 칭제건원과 금국 정벌을 주장하면서 난을 일으켰다.

선택지분석 ① 김부식 등 개경파 문벌 귀족은 신라 계승 의식을 표방하였고, 서경 세력은 고구려 계승 의식을 표방하였다.
③ 이자겸의 난과 관련된 설명이다. 이자겸은 문벌 귀족으로서 왕실과 거듭 통혼하면서 왕보다 더한 권세를 휘둘렀다. 이에 인종이 이자겸을 제거하려 하자 척준경과 함께 궁궐을 불태우고 인종을 자신의 집에 유폐시켰다.
④ 원 간섭기 이후 형성된 권문세족에 대한 설명이다. 권문세족 중에는 원나라에 매를 바치는 응방 출신이나 몽골어에 능한 역관 출신으로서 원나라를 배경으로 업고 성장한 가문도 있었다.

09 노태우 정부 시기의 남북 관계 정답 ③

자료분석 자료는 1988년 7월 7일 노태우 당시 대통령이 발표한 민족 자존과 통일 번영을 위한 대통령 특별 선언(7·7 선언)이다. 남북 자유 왕래와 북한의 자유 진영 국가와의 교류 및 사회주의권 국가와 교류하는 북방 선언 등을 내용으로 하였으며, 이를 계기로 중국 등 공산권 국가와 수교하는 등 북방 정책을 추진하였다.

정답분석 ③ 노태우 정부 시기에 추진된 북방 정책의 성과로 한국의 유엔 가입이 확실해지자, 북한도 고립을 피하기 위해 유엔에 동시 가입하였으며, 이후 남북 기본 합의서가 체결되었다.

선택지분석 ① 김대중 정부 시기인 2000년 6·15 남북 공동 선언 이후 남북 협력이 전개되면서 노무현 정부 시기인 2003년 6월에 개성 공업 지구 착공식을 가졌고, 2004년 6월 시범 단지 부지가 조성되었다.
② 김영삼 정부 때 북한이 핵확산 금지 조약을 탈퇴하는 등 북한 핵 위기를 겪은 후 국제 사회의 관리하에 북한의 전력난을 해소할 수 있도록 경수로 원자로 설치에 합의하였다.

④ 전두환 정부 시기인 1984년 남한에 큰 홍수가 나자 북한이 구호물자 지원을 제의하였다. 이를 계기로 남북 대화가 재개되었고 분단 이후 최초의 이산가족 교류와 예술 공연단 교환이 이루어졌다(1985).

10 박정희 정부 정답 ④

자료분석 (가)는 1965년에 체결된 한·일 협정이다. (나)는 1972년에 박정희 정부가 장기 집권을 꾀하기 위해 선포한 10월 유신이다.

정답분석 ④ 박정희 정부는 1966년에 브라운 각서를 체결하여 베트남전 전투 부대를 추가로 파병하면서, 한국군 현대화와 AID 차관 제공 등을 약속받았다.

선택지분석 ① 박정희 군부 세력은 5·16 군사 정변('961)을 일으킨 뒤 국가 재건 최고 회의라는 일종의 군정 기구를 만들어 통치하였다. 적당한 때에 민정 이양을 약속하였으나, 박정희가 전역한 후 공화당을 창당하여 출마하는 방식으로 제5대 대통령에 당선되었다(1963).
② 개헌 청원 100만인 서명 운동은 1973년에 전개된 유신 헌법 반대 운동이다.
③ 1960년 제4대 대통령·제5대 부통령 선거에서 자유당은 4인조 공개 투표, 4할 사전 투표, 야당 참관인 축출 등 3·15 부정 선거를 자행하였다.

11 신라 중대 정답 ③

자료분석 고구려에 구원을 요청한 것은 내물왕 때(399), 우산국 복속은 지증왕 때(512), 무열왕 즉위는 654년, 김지정의 난은 혜공왕 때(780), 『삼대목』 편찬은 진성여왕 때(888)의 사실이다.

정답분석 ③ 신라 중대에는 전제 왕권이 강화되면서 집사부 시중의 권한이 강화되고, 귀족 회의 대표인 상대등이 상대적으로 약화되었다. 신라 중대는 진골 출신으로서 무열왕이 최초로 왕위에 오른 뒤부터 무열왕 직계 후손이 왕위를 독점하던 혜공왕 때까지를 가리킨다.

선택지분석 ① 신라는 초기에 거서간, 차차웅, 이사금 등의 왕호를 사용하였다. 이사금은 연장자를 의미하며 박·석·김씨의 세 집단이 번갈아 왕위를 차지하던 시기에 왕호로 사용되었으며, 내물왕 때 왕호를 마립간으로 바꾸고 김씨가 왕위를 독점하기 시작하였다. (가) 이전 시기에 해당된다.
② 불국사와 석굴암은 신라 중대 경덕왕 때 재상 김대성의 발의로 건립되었다. (다) 시기에 해당된다.
④ 신라 중대 경덕왕 때 귀족 세력이 다시 강해져 녹읍이 부활하였다. (다) 시기에 해당된다.

12 세조의 업적 정답 ③

자료분석 자료는 『동국통감』의 서문으로, 서거정 등이 주도하였고 『자치통감』의 체제를 따르면서 동방의 역사를 장편 통감으로 엮었다는 데서 알 수 있다. 『동국통감』은 세조 때 시작하여 성종 때 완성된 최초의 통사로, 단군 조선부터 고려 말까지 서술하였다. 따라서 밑줄 친 '선대왕'은 세조이다.

정답분석 ③ 세종 때 여민락을 지어 아악에 포함시키도록 하였으며, 일종의 악보인 정간보를 창안하였다.

선택지분석 ① 세조는 왕권을 강화하기 위해 6조 직계제를 시행하였다.
② 『경국대전』은 세조 때부터 편찬하기 시작하여 호전과 형전이 완성되었으며, 성종 때 완성·반포되었다. 이로써 조선 왕조의 체제 정비가 일단락되었다.
④ 세조는 일시적으로 호불 정책을 펼쳐 원각사지 10층 석탑을 건립하고, 간경도감을 설치해 불경을 한글로 언해하여 간행하였다.

13 발해 정답 ③

자료분석 밑줄 친 '이 나라'는 발해이다. 발해의 주민 중 다수는 말갈인이었고, 지배층은 고구려계 사람들이 대부분이었다.

정답분석 ③ 조선 후기에 유득공은 발해사 연구를 심화시켜 『발해고』를 저술하였으며, 남북국 시대라는 용어를 처음으로 제시하였다.

선택지분석 ① 과하마는 말을 타고 나무 아래를 지나갈 수 있을 정도의 작은 조랑말이며, 반어피는 바다 표범의 가죽으로 동예의 특산물이다. 발해의 특산물로는 솔빈부의 말 등이 유명하였다.
② 안정복은 삼국 시대를 무통으로 보았으나 통일 신라는 정통으로 취급하였다.
④ 고려는 고구려 계승을 표방하며 북진 정책을 추진하였다.

14 임진왜란의 영향 정답 ②

자료분석 『난중일기』는 임진왜란 중 수군절도사로서 일본을 격퇴한 이순신이 쓴 일기이며, 따라서 밑줄 친 '이 전쟁'은 임진왜란이다.

정답분석 ㄱ. 임진왜란 중 전비 마련 및 전후 복구를 위해 막대한 재정이 필요해지자, 정부는 공명첩을 대량으로 발급하고 납속을 대대적으로 시행하였다. 이에 따라 서얼과 상민 등이 공명첩을 통해 신분을 상승하면서 신분 질서가 동요되었다.
ㄹ. 비변사는 변방의 군무를 담당하는 기구였으나, 임진왜란을 거치며 구성원이 확대되고 정무와 군무를 모두 총괄하는 국가 최고 정책 결정 기구가 되었다. 이에 따라 의정부와 6조는 유명무실해졌다.

선택지분석 ㄴ. 조선 초기 지방군은 진관 체제에 따라 지방을 수비하였다. 16세기 후반에 지방군이 유명무실해지면서 필요한 방어처에 각 지역의 병력을 집결시키고 중앙에서 파견된 장수가 지휘하는 제승방략 체제를 도입하였으나, 임진왜란 중에 제승방략 체제의 허점이 드러나자 속오군을 편성하고 진관 체제를 다시 수립하였다.
ㄷ. 풍흉에 따른 차등 징수는 고려 중기 이후 확립되어 세종 때 공법(연분 9등법)으로 정착되었다. 임진왜란 이후인 인조 때 풍흉에 관계 없이 1결당 4~6두를 거두는 영정법이 시행되었다.

15 고대의 유학 사상 정답 ③

자료분석 자료는 설총이 신문왕에게 올린 '화왕계'이다. '화왕계'는 왕이 향락에 빠지지 말고 간언을 받아들여 충실히 정치해야 한다는 내용을 꽃에 비유하여 쓴 글이다. 이를 통해 설총은 유교적 왕도 정치의 필요성을 강조하였다. 설총은 강수와 함께 통일을 전후하여 활동한 대표적 유학자로서 이두를 정리하여 한문 학습에 기여하였다.

정답분석 ③ 임신서기석에는 두 화랑이 유교 경전을 학습할 것을 맹세한 내용이 기록되어 있다.

선택지분석 ① 강수는 6두품 출신 유학자로서, 불교를 세외교(世外敎)라고 비판하였다.
② 백제의 노리사치계는 일본에 불상과 불경을 전하여 일본에 최초로 불교를 전파하였다.

④ 연개소문이 도교를 장려하면서 당으로부터 도사를 받아들이고 불교 사찰을 도관으로 쓰도록 하는 등 불교를 탄압하자, 보덕이 백제로 망명하여 열반종을 세웠다.

16 고려 시대의 사회 모습   정답 ③

자료분석 자료는 고려 예종 때의 사료로, 고려 시대에는 전염병이 들거나 재난이 있을 때 백성의 구휼과 치료 등을 위해 임시 관청인 구제도감·구급도감 등을 설치하였다.

정답분석
③ 고려 시대에는 바닷가에 향나무를 묻으면서 국가의 태평과 생활의 안정을 기원하는 향도가 유행하였다. 향도는 불교의 신앙 조직으로, 사찰이나 탑의 건립에도 동원되었으며 후기에는 점차 상장례를 주관하는 마을 공동체 조직으로 확대되었으며, 조선 시대의 상두꾼으로 계승되었다.

선택지분석 ① 조선 초기에 면리제의 확립과 함께 조세 납부나 노동력 동원 및 농민의 유망 등을 관리하기 위해 오가작통법을 시행하였다. 다섯 집을 1통으로 삼고 통수를 두었으며, 리에는 이정, 면에는 면임 또는 권농관을 두었다.
② 신라에서는 주·군과 주요 성에 지방관을 보냈으며, 말단 촌락은 토착 유력자인 촌주가 관리하도록 하였다.
④ 고려 시대에서 조선 초기까지는 결혼 후 남자가 처가에서 사는 서류부가혼도 성행하였으나, 조선 후기에는 여자가 남자 집에 가서 사는 친영제가 확산되었다.

17 남인과 서인   정답 ④

자료분석 자료는 효종 사망 후 효종의 모후인 자의대비의 복제 문제를 두고 일어난 예송논쟁(기해예송)에 관한 것이다. ㉠은 삼년복을 주장한 것으로 보아 왕가의 예법이 일반 사대부와 다르며 왕위를 이었으면 차장자로 보아야 한다고 주장한 남인이다. ㉡은 기년복(1년복)을 입어야 한다고 주장한 것으로 보아 왕가의 예법도 일반 사대부와 같다며 둘째 아들의 복제를 주장한 서인이다.

정답분석 ④ 남인은 2차 예송에 승리하여 숙종 초기에 집권하였으나, 경신환국을 계기로 대거 숙청되었다. 이후 서인 세력은 남인에 대한 처벌 문제와 윤증·송시열의 갈등 등이 겹쳐 윤증 중심의 소론과 송시열 중심의 노론으로 분화되었다.

선택지분석 ① 북인에 대한 설명이다. 북인은 광해군 대에 집권하였으나 인조반정으로 대거 몰락하였다.
② 서인에 대한 설명이다. 서인은 중립 외교를 폈던 광해군을 축출하고 의리명분론과 친명배금 정책을 추진했으므로, 두 차례 호란에 정치적 책임이 있었다. 이에 서인은 북벌을 주장하며 명분을 강화하고 5군영을 장악하여 정치적 기반으로 활용하였다.
③ 동인에 대한 설명이다. 선조 초기에는 동인이 정국을 주도하였으나, 동인 정여립이 모반을 일으키려 한 사건에 연루되어 크게 피해를 입었다.

18 고구려 소수림왕과 장수왕   정답 ②

자료분석 (가)는 불교를 공인한 고구려 소수림왕, (나)는 남북조와 교류하면서 이를 견제한 고구려 장수왕이다.

정답분석 ② 소수림왕은 전진과 수교를 맺고 불교를 공인하였으며, 태학을 설립하고 율령을 반포하는 등 체제를 정비하였다. 이에 따라 고국원왕 전사 등으로 어지러웠던 상황을 극복하고 중앙 집권을 강화하여 광개토 대왕과 장수왕 대 국가 발전의 밑거름이 되었다.

선택지분석 ① 이문진은 고구려 영양왕 때 국초부터 있던 『유기』 100권을 정리하여 『신집』 5권을 편찬하였다. 이는 수나라의 침입을 크게 물리친 후 국가의식을 새롭게 하기 위한 것으로 보인다.
③ 고구려 문자(명)왕 대의 사실이다.
④ 고구려 광개토 대왕 대의 사실이다.

19 공법의 시행   정답 ②

자료분석 세종은 고려 말 이래의 생산력 발전을 반영하고, 조세를 공정하게 거두기 위해 연분 9등법과 전분 6등법으로 구성된 공법을 시행하였다. 세종은 공법을 시행하기 전에 전국의 양반에서 농민에 이르기까지 17만여 명의 여론을 조사하여 공법 제정에 반영하였다. 즉, (가)는 공법이다.

정답분석 ② 전분 6등법은 토지를 비옥도에 따라 각 등급의 절대 면적을 달리하여 6등급으로 나누었다. 이에 따라 풍흉이 같다면 각 등급 토지의 수확량 및 조세가 동일하였다(이적동세).

선택지분석 ① 결작은 영조 때 균역법 시행으로 부족해진 재정을 보충하기 위해 토지 1결당 쌀 2두를 거둔 제도이다.
③ 군역에 대한 설명이다. 16세기 이후 군역이 노역화되어 기피 현상이 나타나자, 사람을 사서 대신 군역을 지게 하는 대립이 성행하였다.
④ 대동법에 대한 설명이다. 대동법은 가호별로 납부하던 공납을 토지에 부과하였기 때문에 지주의 반발이 심하였다. 그 결과 광해군 때(1608) 경기도에서 처음 시행되어 숙종 때(1708) 평안도와 황해도를 제외한 전국에 확대되는 데 100년이 걸렸다.

20 신석기 시대의 생활 모습   정답 ③

자료분석 토기를 처음 사용하였고, 강가나 바닷가에 정착해 살았던 시기는 신석기 시대이다.

정답분석 ㄴ. 신석기 시대에는 가락바퀴를 이용해 실을 만들고 뼈바늘로 의복과 그물을 제작하는 등 원시적 수공업 생산이 이루어졌다.
ㄷ. 신석기 시대에 농경을 시작하면서 계절의 변화와 토지의 생산력 등 자연 현상의 섭리를 생각하게 되었다. 그 결과 애니미즘, 토테미즘, 샤머니즘 등의 원시 신앙이 등장하였다.

선택지분석 ㄱ. 신석기 시대에는 주로 바닥이 원형이거나 모서리가 둥근 사각형의 움집을 짓고 살았다. 청동기 시대에 점차 지상 가옥화가 진행되었으며, 철기 시대에 이르러 완전한 지상식 가옥이 등장하였다.
ㄹ. 청동기 시대에 주변 부족과 전쟁이 빈번하게 일어나면서, 방어에 용이한 구릉지대에 취락을 건설하고 마을 주변에 목책과 환호 등 방어 시설을 세웠다.